青春期孩子的正面管教

刘艳——著

中国·武汉

图书在版编目(CIP)数据

青春期孩子的正面管教 / 刘艳著. --武汉：华中科技大学出版社, 2019.9
ISBN 978-7-5680-5305-1

Ⅰ. ①青… Ⅱ. ①刘… Ⅲ. ①青春期-家庭教育 Ⅳ. ①G782

中国版本图书馆 CIP 数据核字(2019)第 100714 号

青春期孩子的正面管教
Qingchunqi Haizi de Zhengmian Guanjiao

刘 艳 著

策划编辑：亢博剑
责任编辑：康 艳
封面设计：刘红刚
责任校对：张会军
责任监印：朱 玢
出版发行：华中科技大学出版社(中国·武汉) 电话：(027) 81321913
武汉市东湖新技术开发区华工科技园 邮编：430223
印 刷：北京市艺辉印刷有限公司
开 本：710mm×1000mm 1/16
印 张：16
字 数：240 千字
版 次：2019 年 9 月第 1 版第 1 次印刷
定 价：39.80 元

前　言

处于青春期，性格敏感的孩子可能变得浮躁易怒或情绪多变，而一向乖巧听话的孩子则可能突然与不良少年为伍或者做出一些傻事。

这就使父母战战兢兢，如临大敌，当孩子逐渐步入青春期，父母便恨不得给孩子戴上“紧箍咒”，以此约束孩子的行为，而孩子自然不愿乖乖就范，于是不断地挑战父母，想要获得行动的自由。这让父母感到焦虑不已，有时管也不是，不管也不是，左右为难。父母一时找不到方向，容易陷入迷茫——为什么孩子对父母爱答不理？为什么孩子有事总瞒着父母？为什么孩子总是撒谎？为什么孩子一言不合就发脾气？为什么孩子喜欢顶嘴？孩子早恋了怎么办？为什么孩子不愿意写作业？孩子没有学习动力怎么办？怎样解决孩子沉迷网络游戏的问题？

可以说，青春期对父母和孩子都是重大的考验。著名教育家董进宇博士说：生活没有彩排，也不可能重来，孩子的教育更不能一拖再拖。父母是一个特殊的“职业”，每个人都是未经培训直接上岗的，所以有的时候我们面对孩子会束手无措，为了孩子，家长应该时刻注意自己的教育方法和态度。

正所谓不打无准备的仗，要想顺利陪伴孩子度过青春期，父母必须未雨绸缪，做好知识上的储备。幸运的是，青春期孩子的问题相对比较集中，这就有助于父母们见招拆招，一一化解。

青春期孩子最主要的问题就是自我意识出现了质的变化，渴望独立，试图冲破父母的约束和管教，这样一来，冲突和斗争几乎是不可避免的。

与此同时，随着身体和心理的成熟，青春期孩子随之产生的恋爱心理及对性的好奇心理，也是让父母担忧的重要问题之一。无心向学，成绩下降；偷尝禁果，早恋早孕；沉迷网恋，遭遇性侵害……无论哪一种发生在孩子身上，父母都无法承受。

学习是青春期孩子的主要任务，但是，处在这样一个容易焦虑的时期，加上来自家庭、学校和人际关系等方面的影响，青春期孩子很可能出现厌学情绪，对学习异常排斥，感到烦躁、无力。厌学症成了青春期孩子最常见的心理疾病之一。

青春期还是孩子三观逐步确立、人格塑造的重要阶段，孩子需要学习诸多技能，也要形成一套自己核心的价值系统。错误的人生观将导致孩子背离人生的正道，走上歪路。

青春期也是一个渴望交际的年龄阶段，在这个时期，孩子喜欢和志趣相投的同伴待在一起，极为珍视彼此之间的友谊，有时即使为朋友两肋插刀也在所不惜。当然，也有的青春期孩子觉得自己很孤独，没有人真正了解自己，渐渐变得抑郁、自卑。

对青春期孩子来说，保证自己安全、健康地成长，是人生的重要任务之一。孩子还小的时候，父母一般陪伴在左右，孩子渐渐长大，难免会有单独外出的时候，这就会带来一些安全方面的隐患。同时，随着网络、手机的普及，不少青春期孩子沉迷网络、手机，严重影响了学习，甚至因此危及人身安全。

对于青春期孩子存在的以上问题，本书从青春期逆反心理、宽严适度的教育、成长的烦恼、青春期性教育与异性交往、青春期学习、青春期三观培养与建设、青春期人际交往、青春期安全指引八个方面，探索充满智慧、恰到好处的教育经验，其中既有心理方面的分析，也有实用且非常有效的解决之道，在阅读小贴士里还提供了一些拓展知识，相信父母可以从中找到自己想要的答案。

青春期的孩子多多少少会有点小情绪、小叛逆，父母要做的是，放下棍棒、打骂和威胁，永远把关爱放在第一位，积极陪伴孩子，并给予孩子必要的人生指导，帮助孩子成为更好的自己。

本书在编辑的过程中，得到了林学华、张慧丹、林春姣、李小美、曹阳、庞欢、孙长胜、李泽民、龚四国、林红姣、向丽、曹驰、曹琨、林望姣、王凯军、林双兰、李本国、林华姣、李鹏、林丽姣、陈艳、陈胜、陈艳威、林喆远、翟晓斐、刘屹松、丁艳丽、王志利、赵艳霞、张杨玲、陈怡祥、林中华、曹茜、刘永兵、林小桂等不少同仁的支持和帮助！在此特表示深切的谢意。

目录 | Contents

第一章　正青春与曾青春的碰撞

——谁的青春不逆反

第二章　管什么和怎么管

——宽严适度，尊重孩子的成长需求

第三章　成长的烦恼

——用赏识教育培养阳光少年

第五章　课本里的青春

——激发青春期孩子的学习潜能

第六章　把孩子的三观扶正

——孩子的三观里藏着他的未来

第八章　青春期安全指引

——躲开人生陷阱，为孩子安全护航

第一章　正青春与曾青春的碰撞
——谁的青春不逆反

青春期是孩子从儿童走向成年的过渡期，是孩子最难管教的时期，也是决定孩子一生的关键期。青春期的孩子总想摆脱父母的束缚争取独立，而父母又总拿管教儿童的那套方法来管教他们，结果，父母在孩子眼里成了独断专横的“统治者”，而孩子在父母眼里则成了不听话的“坏孩子”。

1. 别老管着我，我的青春我做主

青春期的孩子大多追求一种“青春价值”，他们无时无刻不在想“我是个大人了，应该怎样体现自己存在的价值”。很多孩子认为最大的价值或自由就体现在“决定权”上，凡事能够自己做主。于是，孩子开始学着自己做决定，一旦父母否定他们的想法或行动，他们就会觉得自己被管束了，成长受到了阻碍。

瑶瑶今年上高三，对于报考哪所大学，她和父母已经讨论过很多次了。妈妈一直希望她选择北京的大学，她却想到南方去上大学。妈妈劝她说：“在北京多好，每个星期都可以回家，有什么问题爸爸妈妈可以随时帮忙解决。”瑶瑶则说：“我都这么大了，还老让爸爸妈妈帮忙，我希望可以自己去解决问题。”

妈妈听了不太高兴，说：“你一个小孩子，能解决什么事情！要知道，爸爸妈妈吃过的盐都比你吃过的饭多。”

瑶瑶不耐烦地说：“我已经长大了，有很多事情可以自己做好，请您不要总是插手我的事情。”

妈妈继续苦口婆心地劝道：“我这也是想让你少走弯路啊！”

“不走弯路我怎么知道路是弯的，我宁可多走弯路，也不想活在父母的庇护下。”瑶瑶说完摔门而去，留下妈妈独自伤心。

父母通常会在某一时期突然发现，原本听话的孩子好像变成了一个“焦躁孤僻偏执患者”，无论大事小事都宣扬“自由主义”，讨厌别人插手，就连父母的关心也成了一种干涉其自由的表现。那个曾经凡事喜欢追着叫“爸爸妈妈”、问“为什么”的贴心小宝贝，此刻全无踪影。

对于青春期孩子的巨大变化，父母从情感上自然一时难以接受，但如果能从生理的角度分析，就能对孩子的行为有所理解了。孩子叛逆，是进入青春期必然会出现的一种现象。其最主要的表现之一，就是极度捍卫自己的“王国”和“主权”，对于别人干涉自己的事务异常敏感、排斥。对于企图“踏入”自己“领土”的人，他们会在第一时间情绪激烈地将其赶出去，无论对方是否出于好意。

自我意识过于强烈，不仅会左右青春期孩子一时的情绪，还有可能对青春期孩子的性情产生长远的影响。因此，父母在处理与青春期孩子之间的一些具体问题时，要避免独断专行。事实上，青春期孩子也要与各种人打交道，父母无疑应给予青春期孩子正确指导，帮助他学会正确处理各种人际关系，但在具体实施时要避免剥夺青春期孩子根据自己的意愿建立人际关系的权利。父母越是逆着他、管着他，他反抗的情绪就越强烈。因此，父母不妨顺着他，让他感觉到父母与他站在一条战线上，并在此基础上提出关心式的建议。当孩子情绪平静的时候，多半会认真考虑父母的提议。

实际上，青春期孩子并非完全不理性、不善解人意，他们只是更渴望由自己来安排自己的事情。如果父母能够给予他足够的自由和权利、充分的信任和理解，他就不会将注意力过多地放在争取“主导权”上，而是会反过来为他人考虑，或者从事情本身出发，做出比较理性的选择。

李涛很喜欢打篮球，每天放学后都会和几个同学一起去打球。

这天他回到家里，全身脏兮兮的，还擦伤了胳膊，妈妈看见后十分恼火，责骂了他一顿，并勒令他赶快洗澡，禁止他以后再去打球。妈妈一边责怪，一边给他洗衣服。爸爸在一旁劝道："孩子已经不小了，不能总把他当成孩子，像洗鞋袜这样的小事，可以让他自己做，别让他养成懒惰的坏习惯。至于打篮球，那是孩子的正常爱好，只要不耽误学习，就让他去吧。受点小伤是很正常的事情。"

妈妈仔细思考后觉得爸爸言之有理，于是来到李涛的房间，严肃地对他说："妈妈允许你有自己的自由和爱好，但是你必须写一份承诺书并签字——第一，不能因为打球耽误学习；第二，要保护好自己，不发生意外；第三，打球后的脏衣服自己洗。"李涛高兴地写了承诺书并签了字。

由上可知，适当的自由会给青春期孩子带来动力。所以，父母要学会少控制、多放权，在这个过程中给予其正确引导，和孩子多沟通、多交流，采用更加民主、宽容的教育方式来对待孩子。

阅读小贴士：

孩子心理上进入青春期的6种表现：

1. 突然喜欢和一群朋友一起玩，而不像过去那样只和一个或两个孩子一起玩。

2. 面对父母比过去更强势，主要表现在语言和行为方面。比如，本来很听话、懂事的孩子突然有一天大声对父母提出抗议或者反对意见。

3. 更加注意自己的形象，喜欢显示自己。

4. 很多事情不再依赖父母，而是依靠朋友解决。

5. 在很多事情上不听父母的话，却对朋友言听计从。

6. 面对同龄的异性会害羞。

2. 标新立异，我就要跟别人不一样

进入青春期后，孩子开始追求个性，崇尚自由，这是青春期心理的最大特征。基于这样的心理，青春期孩子开始喜欢奇装异服，想让自己变得与众不同；其次，他们想通过身着奇装异服来掩饰内心的不安。心理学家认为，如果一个人界限感薄弱的话，除了感到与他人不同之处，还很难把握和他人应该保持多远的距离。很多青春期孩子因为不确定自己的生活到底应该是什么样子的，于是故意穿着夸张的衣服，人为地与外界生活划清界限，以此缓解内心的不安情绪。

按照美国发展心理学家埃里克·埃里克森的观点分析，在青春期孩子心中，自我分为两个部分：一个是自己认为的自我，一个是别人眼中的自己。而后者往往显得更为重要。成人崇尚个性和创新，认可独特是一种价值，青春期孩子也会认为“自己和别人不一样是有价值的”。

但在这个阶段，青春期孩子对个性的认识还比较片面，需要父母的引导。父母一方面要肯定孩子追求个性的心理，另一方面要引导孩子把握好度，让孩子明白过分标新立异反而表明他心态不成熟，是一种不健康的审美。

许乐最近迷上了奇装异服，总喜欢打扮得很花哨去上学。对此，

妈妈采取了下面的沟通方式，在不激发许乐负面情绪的情况下，成功地劝阻了他的行为。

这天早上，许乐又穿着一件花衬衣、一条紧身裤，还背着一个全是“刺”的穿山甲形状的书包，准备去上学。妈妈看了一眼，用赞赏的语气说：“我儿子的审美真是与众不同，穿得既奇特又时尚！”听到妈妈这样说，许乐心里十分得意。妈妈继续说：“不过，我觉得平时穿到学校去比较可惜，如果学校举行联欢会或者化装舞会，那样的环境和气氛才能衬托出这身衣服的特别，让你的同学眼前一亮。要是平时经常穿，到了特殊场合，效果肯定会大打折扣。”妈妈装作很不经意，没有露出半点“控制欲”，但许乐却听得很认真，转身回房间换上了校服。

对于青春期孩子追求个性化的问题，父母不必过于介意。因为即使是思想成熟的成年人，在某种程度上也会想要显得与众不同，这是人之常情。父母应该在理解孩子的基础上，引导他尽量向“主流”靠拢，不要显得过于怪异。

在穿着上，父母要做出榜样，培养和提高青春期孩子的审美能力，让他学会辨别美和丑，懂得自己的年龄、身份与穿着之间的关系。鼓励青春期孩子在追求服饰美的同时，加强自身的道德修养，追求外表美与心灵美的统一。

另外，父母也要更新观念，与时俱进。不要用老眼光看待青春期孩子，不要把孩子的时尚定义为标新立异，应该肯定孩子追求个性的合理性，对孩子表示充分的理解，消除孩子的抵触心理。

如果父母直接对青春期孩子说：“瞧你这样，跟街上的小混混有什么不同？”那么，孩子多半会立即反驳，认为父母不懂也不了解他的感受，从而排斥父母。为此，父母应该了解一些流行信息，同时借用生活中的一些机会对孩子进行引导。

其实，孩子也在不断的尝试中，想知道到底哪一种风格才是最适合自己的，所以，父母不必过于着急，要耐心地引导他树立正确的审美观。若一味反对孩子的喜好，很容易引起其逆反心理，让他有更强烈的欲望去追求符合“个性”的衣着。父母不妨对孩子表示支持，然后引导他将这些作为一个私下的小爱好。这样既能满足孩子的喜好，又不会引起他的不快。

此外，父母还可以给孩子讲一些外貌平凡但经历丰富、很有魅力的名人事例，给孩子看一些因为有内涵而使外表更加赏心悦目的明星的照片，给孩子讲一些励志人士的人生故事，让孩子不仅意识到内在美的重要，也明白外在美的真谛——自然、得体，适合自己。还可以和孩子一起观看具有启发意义的电影、电视剧等，让孩子知道一个人虽然要注意外表，但是内心的美德更重要，帮助孩子树立正确的审美取向。

阅读小贴士：

孩子从 2 岁开始就对环境有了审美要求，即进入了审美敏感期。很多父母会发现，孩子突然变成了一个完美主义者：牛奶不能洒出一滴，水果上不能有斑点，他们开始挑剔吃的、用的东西，接着开始关注身边的环境和自我。尤其是女孩，到了这个年龄段会对衣着打扮产生浓厚的兴趣，想要自己挑选衣服和鞋子，如果得不到满足就不穿或拒绝出门。同时，她们开始对某些颜色有了强烈的爱好，比如喜欢粉色的衣服或者物品。

可以说，这一时期是孩子形成审美标准和品位的关键时期。建议父母给予孩子更多欣赏美的机会，比如带孩子去看油画展、阅读彩色杂志等，及时满足孩子的审美要求，对孩子的搭配只需表示肯定，而不必对美做任何评判。

3. 我有点任性，还有些张狂

一位妈妈在家长论坛中诉说了自己在教育青春期的女儿的过程中遇到的问题：

“我的女儿今年 13 岁，刚上初中，非常任性。我叫她往东她偏往西，成绩也不好，在班里都倒数一二名了。放假的时候，她经常趴在沙发上看电视，大人对她说的道理，她爱答不理。看她这样的态度，说也说过她，骂也骂过她，但事后还是老样子。我现在真不知道该怎么办了，不知道是继续管教她，还是应该放弃她。”

很多进入青春期的孩子，身体虽然在快速发育，但心智却一点也没有成长，有时甚至还不如小时候懂事。对很多事情，当他们做得不对时，父母希望帮他们改过来，或者给他们提出一些正确的建议，但他们总是很不耐烦，不愿接受，甚至根本不愿意考虑。他们对父母想要管自己这件事非常敏感，有时父母刚要开口，他们就立刻表现出一脸的反感：“我的事情，我自己做主就可以了！不要你们来管!”

青春期孩子有些任性是可以理解的，这个时期的他们，身体和心理承受着双重的压力，心智又不是很成熟，有时喜欢耍耍小孩子脾气，这是难免的。但如果过于任性，说明父母从小对他的教育可能存在很大的问题，比如过于宠爱孩子，或者平时对孩子管教很少，等等。现在不过是将父母以前的教育问题显现出来而已。

一般来说，青春期孩子任性的行为所导致的结果对他本身会产生强化作用：结果令人满意是正强化，孩子会继续这一行为；结果令人痛苦则是负强化，孩子会自发地改变这一行为。这些可以统称为“自我强化”。父母利用这一规律可以纠正孩子任性的毛病。比如，孩子闹脾气不吃饭，并以此要挟父母，那就赶快收拾饭桌，让他饿一顿，饿肚子的感觉就是最好的负强化。再如，还没到穿短袖的季节，孩子非穿不可，那就让他去穿，受凉挨冻就是最好的负强化。采用这一方法，一是要确保后果对孩子的身心不会有太大的伤害，二是父母要狠下心来。想必尝到恶果之后，孩子会深刻吸取教训，不再拿自己的身体来开玩笑。

与青春期孩子“约法三章”也是一个不错的选择。开始时，也许孩子接受这个条约有些困难，但他心中一旦认定这个条约之后，就会处处约束自己的行为，努力做到不犯规。

有时青春期孩子任性是因为知识储备不够，认死理，把错误的行为当成正确的行为，固执己见，还不太明白坚强与固执、谦让与软弱、勇敢与蛮干的界限。对此，父母要想办法使孩子扩大视野，增长见识，孩子懂得多了，就会改变过去一些错误的认识和做法。

让青春期孩子多和伙伴一起玩耍，也有助于他改掉任性的毛病。群体生活的一个重要原则就是少数服从多数，如果个人的意愿与多数人不一致，就会被否定。父母应该多让孩子和同学、伙伴一起玩耍。因为在同龄人中间，如果孩子过于任性，就会被群体所孤立，所以即使在家中，比较任性的孩子处在群体之中时，也不会轻易地使性子。而且，在群体中，那些通情达理、不任性的孩子也会在无形中给任性的孩子以示范，让他感到任性只会遭人厌弃，而通情达理才能融入群体之中。久而久之，孩子身上任性的毛病就会逐渐消失。

另外，青春期孩子的好胜心比较强，喜欢“听好话”“戴高帽”。所以，在孩子出现任性初期，父母可以顺着他夸奖他的某些长处，为孩子的“转变”找台阶，或者使用激将法，说他“不会……不能……”，促使孩子产生“我能……”的劲头，从而脱离任性的情绪状态。

阅读小贴士：

青春期女孩的发育，首先是性的发育，包括性腺（卵巢）、内外生殖器和第二性征的发育。最早带来青春期信号的是女孩的胸部。

一般来说，9～10 岁期间，女孩的乳房就会开始发育。11 岁开始长出阴毛；12～13 岁，乳头、乳晕继续增大，阴毛继续增多，并向阴阜及腹壁中部发展，并且阴毛由细变粗、色素渐渐沉着。大部分女孩的月经初潮年龄为 12～14 岁。与初潮同时或者稍迟，腋毛开始长出，阴毛逐渐呈现成年女性特有的倒三角形分布；与此同时，乳晕区腺体发育，在已经丰满增大的乳房上形成第二次隆起。通常 14～15 岁时，女孩会呈现规律的排卵性月经，乳房发育成熟，乳头突出在轮廓鲜明的乳房上；16～17 岁时，发育接近成熟，此时身高的增长基本就会停止。一般情况下，女孩的青春期要比男孩早一年左右，从乳房开始发育到月经初潮，需 2～3 年，继而腋毛、阴毛长出，骨盆变大，全身皮下脂肪增多（尤其是胸部、肩部等），女性丰满的体态逐渐形成。

女孩在青春期的变化非常大，其中很多变化比较私密。为了让女孩面对自己身体变化的时候不手足无措、惶恐不安，妈妈有必要在女孩 10 岁以后向她传授一些青春期知识。

4. 遇事不顺时，我情绪易失控

生活中，每个人内心都会有不满的时候，青春期的孩子尤其如此，他们似乎对很多事情都看不顺眼，时刻处于情绪爆发的边缘。而不满情绪必须要有一个发泄的渠道，就如同气球，如果只充气不放气，迟早会爆炸。青春期孩子内心的不良情绪如果不能及时宣泄出去，同样会爆发。

周六上午，陈嘉坐在沙发上看电视，爸爸从卧室走出来，对他说："你看电视的时间不短了，没事去户外锻炼锻炼，别那么宅，一点也不像阳光少年。"这本是一句半建议半开玩笑的话，陈嘉的脸色却有点不好看了。过了一会儿，妈妈从外面买菜回来，看见他还在看电视，也唠叨了一句："怎么还不去学习？作业还没写吧？这么懒惰可不行。"陈嘉一把将遥控器摔在地上，狠狠地说："你们都看我不顺眼是吧？我在你们眼里就没有一丝优点，全是缺点！"

其实，并不是青春期孩子变得小心眼了，而是他们长大了，不愿别人提自己的缺点，这也是孩子成长过程中的一个阶段性特点。

首先，青春期孩子的身体正在快速发育，特别是性方面的发育与成熟，使他们产生并积蓄了大量能量需要释放，因而容易兴奋，而这种兴奋所产生的过激行为得不到父母、老师的认可，于是产生了心理负担。比如放学后孩子要去游泳，父母却要求他看书，于是，孩子的脾气就对父母发出来了。

其次，学习任务很重，面对同学之间的激烈竞争，青春期孩子的心理压力很大，很可能对学习失去兴趣、信心。当父母让他写作业时，他就是不写，还会说“反正我也学不好”这样的气话。

最后，随着年龄增长，虚荣心增强，青春期孩子希望得到周围人认同的欲望也在增强，所以表现欲望强烈，但是这种表现经常受到父母的批评，认为孩子不够谦虚，以致孩子内心愤愤不平，脾气自然大了起来。

这些问题经常交织在一起，矛盾此起彼伏，面对种种压力与刺激，青春期孩子很容易心理不平衡或产生心理矛盾。而孩子又不像成年人那样善于掩饰或控制自己，往往喜怒皆形于色，于是便显得情绪多变，很不稳定。

青春期孩子渴望被尊重和认同的心情可以理解，但若因此而变得过于“小气”，或者对自己的缺点视而不见，都将对成长产生不利影响。所以，父母在理解孩子的前提下，要想办法引导孩子心胸宽广地面对生活，不要动辄怀疑别人不尊重、不认同自己。

同时，父母要善于发现孩子的优点，并经常表扬他。每个孩子都讨厌父母将自己和别人家的孩子进行比较，尤其是每次都得出自己不如别人的结论。当孩子进入青春期后，会更加“痛恨”父母的这种言论，因为他感觉自己是独当一面的大人，渴望平等地与他人相处，而不是永远扮演被批评、被贬低的角色。因此，对于青春期孩子，父母与其沟通的法宝之一，就是要多看到他的优点，并不吝表扬。

当孩子产生烦恼时，父母要学会倾听孩子的心声，了解孩子烦恼的根源。可以采用书信的方式与孩子沟通，让闭塞的孩子愿意向父母展现自己的内心世界；或者支持孩子向好友倾诉内心的苦恼和忧伤，消除不良情绪。

另外，父母还要教孩子学会控制自己的情绪，保持心理平衡，这对孩子的心理健康很有好处。

5. 说一句顶十句，我就爱跟你们唱反调

一位妈妈苦恼地说，女儿马上就要上初三了，但从暑假开始，她好像变了一个人，经常一个人闷在房间里上网、玩游戏，对父母不理不睬。父母想跟她好好聊聊，但没说几句，她就顶撞说："我就是不知好歹，不可理喻。"事后还在自己的房间门上贴了"请勿打扰"几个大字。

生活中这样逆反的青春期孩子并不少见，他们基本不和父母沟通，父母说一句，他们顶十句，总觉得父母说的都是错的，只有自己才是对的。这时，如果双方都坚持自己的立场，便很容易产生对立关系。在这种情况下，父母有时也要试着去理解孩子的想法，可能会发现孩子的想法也有一定的道理。

周六早上起床后，妈妈走进小锋的房间，告诉他今天有人来家里做客，希望他表现得热情一些，别像平常那样坐在电脑前玩游戏。没想到小锋不屑地说："跟我有什么关系！"果然，客人来了之后，他像没看见一样，招呼也不打一个，坐在电脑前投入地玩游戏。妈妈越是叫他出来，他越显出一副想待在屋里、谁都不想理的样子。

青春期孩子的叛逆往往让父母觉得很头疼。他们好像变了一个人，不但行为和装束都开始崇尚个性，还常常故意跟父母作对，不

管是非对错，只要父母提出要求，他们就一定要做出相反的举动。青春期孩子的这种行为让父母觉得很难理解，却又无可奈何。

青春期孩子之所以爱跟父母“唱反调”，一般有以下几种原因：

一是为了吸引父母的关注，在某种意义上证明自己。进入青春期后，孩子虽然缺乏必要的人生经验，但随着身体的发育，他感觉自己长大了，可以独当一面了，然而父母对他的能力却不够重视。在与父母相处的过程中，孩子渐渐发现，当他反抗、和父母唱反调的时候，父母的目光聚集在他身上的时间最长，于是，他就开始以反抗来达到自己求关注的目的。

二是自我意识的觉醒。在摆脱依赖、走向独立的过程中，孩子觉得自己有自由行动的权力，对于自己的事情，他比父母更有发言权。为了摆脱父母的干涉，他们就会表现出对父母的抗拒和不服管教，处处跟父母唱反调。这是孩子要求独立的表现，也称为逆反心理。

三是受到挫折后的应激反应。随着孩子渐渐长大，参与活动的机会增多，于是也更容易遇到挫折，这时，有的孩子听不进别人的批评或劝导，看不清挫折的实质，反而觉得自己被整个社会背叛或者辜负了，即使知道自己错了也不愿意改正，明知故犯。

明白了青春期孩子叛逆行为背后的原因，父母就可以针对性地对孩子进行引导。

首先给予孩子更多的爱。在一个正常的家庭中，父母会给予孩子足够的关心和爱护，使孩子的心理需求得到充分的满足，这样孩子就不会通过捣乱来引起父母的重视，而且做错了事也愿意接受父母的批评并加以改正。

其次要理解孩子的叛逆，在合理的范围内给予他叛逆的自由。如果父母见到孩子稍有异常就横加干涉，孩子很容易早早生出反抗之心，不管父母干涉什么，他的第一反应就是反抗。因此，对于孩子某些无伤大雅的改变，父母大可以给予包容，甚至鼓励孩子的这些改变。父母要把握好一个度，既尊重孩子的独立，又正确引导孩子。

最后要改变事事由父母做决策的方式，赋予孩子更多的权利。父母不能高高在上，而要把孩子当朋友，允许孩子参与家庭事务的讨论，并耐心倾听孩子的意见。父母要在家里营造轻松的气氛，鼓励孩子说出心里的话，谁对就听谁的，这样可以最大限度地化解孩子的不快。有些父母希望孩子按自己的要求做，总是迫切而生硬地把自己的想法说出来，留给孩子的只有执行。这很容易引起孩子的反感，产生所谓的叛逆行为。而聪明的父母会在某个范围之内给予孩子充分的自由，让他感觉到自己也有决策权。这样不仅有益于使亲子关系融洽，也有利于青春期孩子的成长。

另外，父母还要随时关注孩子的情绪变化，学会与孩子沟通。当孩子遭遇挫折时，父母正面的支持和鼓励可以化解孩子内心的悲伤和阴影，让孩子重新快乐起来。

阅读小贴士：

一般来说，孩子在表达意愿方面会经历三个阶段：

1. 无意愿。外在表现比较顺从，没有特别的“独立意愿”。

2. 违背性意愿——为了反对而反对。这个阶段是孩子“唱反调”的高峰期。孩子开始发现自己是独立于别人的个体，但是大脑无法完整地表达意愿，于是通过“违背性意愿”来使自己与别人不一样。

3. 独立意愿。孩子能够完整、有逻辑地表达自己的意愿，并且理解自己的反对意愿会对别人的情感造成负面影响，因此简单“唱反调”的现象开始下降，但是“辩论”的情况则开始上升。

由此可知，孩子“唱反调”是每个家长都无法避开的一个阶段，也是孩子走向独立的必经之路。

6. 你们的唠叨，只能换来我的反感

青春期孩子的独立意识逐渐增强，迫切希望能够摆脱父母的安排，自己做决定。如果父母仍然把他当作小孩，无微不至地关怀着、嘱咐着，孩子必然会感到厌烦，觉得自尊心受到了伤害，并由此产生逆反、对立情绪。大部分青春期孩子都讨厌父母的唠叨，这种情绪时常在他的日记、作文里流露。

一个孩子在日记中写道："有时候，我放学回到家，书包还没有放下，父母就问今天怎么这么晚才回来，接着就开始了长篇大论的唠叨。平时一大早，就听他们唠叨'快点起床了，再不起床就迟到了'；冬天的时候更烦，不停地在耳边说'多穿几件衣服，天气变冷了'；吃早餐时则说'快点吃，快上课了，不要慢吞吞的了'；晚上又说'你不用做功课呀？你不用复习吗？还有空看电视'。这些都是父母日复一日唠叨的内容，所以我不想回家，回到家就没有了自由，跟坐牢似的，没有一点私人空间。我多想父母不唠叨，给我点自由！"

从心理学来说，父母的唠叨是出于一种紧张、不放心，很多时候是说出来让自己安心的，而不是说给孩子听的。父母通过唠叨，向自己也向孩子证明：我能够对孩子做的都已经做了。至于是不是

能够帮助孩子解决问题，他们并没认真考虑。

根据某所中学的调查显示，孩子们认为，在一个家庭里最爱唠叨的人，妈妈、爷爷奶奶分别高居第一、第二位。一般来说，父母反复唠叨的话题包括学习、考试、生活习惯、早恋、交友等，而且大部分父母并不觉得自己爱唠叨。

父母也许会觉得很无辜：我明明是在关心孩子啊！孩子自控能力差，自我保护能力也不强，如果不经常叮嘱和管教，出了问题怎么办？可怜天下父母心，唠叨确实是父母表达爱意的一种方式，他们事无巨细、无微不至，把叮咛、嘱咐时刻挂在嘴边。当孩子没有达到要求时，他们更是说个不停，抱怨个没完。父母做得很多、很累、很辛苦，孩子却往往不领情。

父母不明白，唠叨只是一种重复单调的语言刺激，是对孩子精神上的疲劳轰炸，没完没了的重复批评只会让孩子厌烦，挑起孩子的敌意，使气氛变得紧张，矛盾更加激化。当孩子在内心构筑起唠叨“防火墙”，就算父母再苦口婆心，他们的唠叨也很难穿透孩子的心灵。

在孩子成长的过程中，确实有很多事情需要父母操心，但也有一些事情是无关紧要的，随着孩子年龄的增长，这些会自然改变。因此，父母要把精力放在孩子成长中重要的事情上，比如孩子的人生观、价值观、学习习惯、品格修养等。正确的做法是：可说可不说的就不说；同时有几件事要说的，选一件最重要的事情说，其他的事情等这件事结束后再说；复杂的事情要分步骤说，先从孩子最容易做到的步骤说，完成这一步再说下一步。

在引导、教育孩子时，父母应尽量用简洁的语言提出具体可行的建议，让孩子明白父母的良苦用心，并允许孩子提出个人意见。批评孩子时要就事论事，明确地表明态度：“衣服你自己周末洗”“以后我不会叫你起床”等，千万不要把陈年旧事都翻出来，更不要给孩子开“批斗会”。当孩子明白了父母的一番苦心，明白父母所说所做的都是因为爱他，就会朝着父母期望的方向努力。

父母也要学会相信孩子，不可事事代劳，而要适当放手。比如起床这种事情，最好让孩子自己意识到迟到的后果，不按时起床就会迟到，这是每个孩子都很清楚的。如果他做不到，自然会受到应有的批评和惩罚。可以让孩子自己定闹钟，培养其积极性、自觉性。否则，父母越是提醒、唠叨，孩子越是反感。时间长了，孩子会对父母的话充耳不闻，无论对错，全当耳旁风。一旦出现问题，孩子还会第一时间责怪父母，觉得是父母没有为他考虑周全，或是没有提醒他。所以，对于青春期孩子有能力自己做好的事情，父母要让他自己去做，并独立承担后果。

有些父母控制欲很强，总想孩子按照自己的意愿去做，但孩子是一个独立的个体，有自己的想法，有权决定怎么做，不可能也没有必要事事按父母的意思去做。如果父母给孩子下达硬性指令，然后靠不停地唠叨来督促孩子，效果往往不好。比如，妈妈想让儿子自己收拾房间，于是对他说：“吃完饭必须把你的房间收拾干净！”孩子多半不会听，而妈妈见儿子不听话，往往会反复催促，结果可想而知。如果妈妈换一种说法：“儿子，吃完饭后你有时间的话，收拾一下房间吧。”这样不会引起孩子的反感，通常能达到妈妈的目的。孩子自觉自愿要做的事情，积极性会很高，根本不需要父母的催促和提醒。

还有一些父母，希望自己的说教能马上生效，孩子能立刻变成自己希望的样子，但这并不符合青春期孩子的成长规律和年龄特点。青春期孩子的心智和能力没有发展得那么成熟，对于有些事情，他还无法理解，也没有办法做好，这时父母必须要有耐心，允许孩子犯错，允许孩子有反复。青春期孩子的成长需要一个过程，这个过程不会因为父母着急、唠叨而缩短。

7. 如果不满足我的要求，我就撒泼耍赖

苏联教育家马卡连柯曾经指出：“人们时常说，我是母亲，我是父亲，一切都可以让给孩子，为他牺牲一切，甚至牺牲自己的幸福。这恐怕是父母送给孩子的最可怕的礼物了。这种可怕的礼物可以这样来比喻，如果你想毒死你的孩子，就给他吃一剂足量的你个人的幸福，这样他就可以被毒死。”这句话或许会伤害父母的爱心，但它的确一针见血地道出了“惯子如杀子”的深刻内涵。

一位家长抱怨道：“我家孩子非常任性，只要不满足她的要求，她就吵闹不休。每次她一哭，我们就一点办法也没有。有一次，我们去超市买东西，她看中了一块手表，于是吵着要我们买，超市里那么多人看着，非常尴尬，无奈之下，我们只能给她买了之后匆匆离去。她经常用这样的办法让我们妥协，一闹起来就没完没了，真是一点办法也没有！”

父母一次次满足孩子的需求，也在剥夺孩子成长的机会。一个人若想变得成熟，需要学习如何面对挑战，学习处理挫折后的情绪。父母在满足孩子一次次需求的同时，也阻止了孩子思考、感受，学会感恩和共情，剥夺了孩子处理受挫情绪的机会。

青春期孩子在成长的过程中，最重要的学习内容之一就是学会控制情绪。当父母不能满足自己的期待时，可能会受到巨大的挫折，

而挫折会让他们愤怒。

要想让青春期孩子健康地成长，父母应该给予其充分的爱，但是，如果这种爱总是用物质来衡量，就变成了溺爱，爱也就变味了。有的父母常常把物质奖励挂在嘴边，如考试得多少分奖励什么东西，帮助父母做家务奖励多少钱……从而使孩子对亲情产生了误解，觉得父母的爱只能用物质来表达，而淡化对亲情的感恩。对此，父母应淡化物质在家庭教育中的作用，多给孩子语言上的鼓励，一个微笑、一个拥抱都可以是奖品，让孩子明白，即使父母没有提供丰富的物质，但是对他的爱没有缺少。

在拒绝青春期孩子的时候，父母必须保持理性，不能情绪化地处理问题。有些父母在高兴时事事顺应孩子的要求，不高兴时则不分青红皂白一律拒绝。这样的拒绝毫无理性可言，孩子不知道自己错在哪里，就会产生不满情绪，或者与父母纠缠不休。

拒绝孩子时，一是要让孩子明白为什么不能这么做；二是让孩子感受到父母对孩子的爱意。比如，不给孩子买奢侈品或者多余的用品，是为了保证孩子上学的费用和全家的支出，而且要告诉他虚荣和奢侈对人是有害的。

同时，父母一旦对孩子做出了承诺，一定要兑现；对孩子禁止的东西也一定要坚持，不能因为自己情绪好或者事情小而迁就孩子，这样才能树立父母的威信，让孩子知道父母言出必行。有时孩子之所以要赖，是因为他认为这样可以左右父母，如果他知道要赖无效，也就不会采取这种行为了。

有的时候，青春期孩子为了达成自己的愿望，甚至会采用极端的方式来逼迫父母满足自己。对此，父母不能采取放任的态度，而应该坚持原则，对孩子不合理的物质要求应明确拒绝。等孩子情绪稳定下来，再平心静气地和他交谈，让他知道家庭的实际情况，并希望他和父母一起努力，共同创造美好的生活。

8. 说谎，我只拿它当善意的闹剧

说谎行为发生在各个年龄阶段的人身上，在漫长的一生中，几乎所有人都有过说谎的经历。而青春期孩子之所以喜欢说谎，是心理发展和智力发育必然出现的一种反应。因为孩子对诚实的理解以及道德的认识尚不全面，也不完善，所以有时难免出现说谎行为。但父母如果不能妥善地处理和引导，将会导致孩子心智发育上的偏差。

青春期孩子撒谎常见的原因和动机如下：逃避父母的斥责和惩罚；父母不信任；父母过高的期望和要求；父母斥责、严厉惩罚的教育方式，会造成孩子的恐惧心理；从大人身上学来的恶习（父母可能不经意间在孩子面前撒谎）；为了满足虚荣心而自吹自擂，以获取他人的注意或赞赏；为了保护同伴而撒谎或出于敌对情绪用说谎来诋毁他人；由于受到别人的误解，破罐子破摔，向坏的方向发展；有些父母将孩子在玩耍或生活中说谎视为聪明的表现，不制止反而赞许，久而久之弄假成真，孩子养成了说谎的习惯等。

青春期孩子的谎言让父母伤透心又感到十分迷茫，因为现实社会中美好与丑恶并存，如果让孩子在“诚实做人，不能说谎”的框架里长大，将来孩子走上社会，碰得头破血流之时，说不定会全盘否定以前所受的教育，反而走上歧路。

眼看已经晚上8点多了，上初二的儿子还没有回家，周青开始担心起来。她拿起电话打给儿子的班主任，老师告诉她，儿子这次考试成绩下滑了很多，放学后被安排补习了一会儿。周青刚放下电话，儿子就开门进来了。还没等她开口，儿子就说："妈，我今天帮同学补习功课了，所以回来得有些晚。"周青一时不知说什么好，儿子不但成绩下滑了，还学会了撒谎。

诚实不是天生的，而是在后天的教育环境中养成的。英国著名哲学家罗素说："孩子不诚实几乎总是恐惧的结果。"严厉的惩罚会让青春期孩子产生强烈的恐惧感而不敢面对事实，不敢面对父母，并因此产生自我防卫心理，将撒谎"进行到底"。

因此，父母在发现孩子撒谎之后千万不要着急、气恼，更不可不问青红皂白就把孩子狠狠地训斥一顿。有的父母在孩子承认错误后，还采取打骂等惩罚措施，甚至要孩子写检讨书、保证书贴在墙上。这种做法严重地伤害了孩子的自尊心，往往会适得其反。明智的父母会给孩子改正的机会，耐心地引导孩子承认错误。当孩子主动承认错误时，父母应该给予鼓励，肯定孩子说实话是好的表现，然后指出说谎的危害，让孩子在鼓励中知错改错。

一个妈妈给自己进入青春期、变得爱撒谎的儿子写了这样一封邮件："亲爱的儿子，不知不觉中，你已经悄悄地长大，你的能力不断变强，可以解决更多的问题了；同时你也开始有了自己的小心思、小秘密；你渴望尝试更多以前没有尝试过的事情……妈妈对此非常理解。但妈妈想提醒你的是，不管你想要做什么、不想做什么，请一定要做一个诚实的人。因为，一个人的品质将会决定他的品行，决定他的人际关系，甚至决定他未来的成就……试着将你真实的想法说出来，你怎么知道它不会被接受呢？"

对青春期孩子而言，"说实话"有时意味着必须面对被处罚的下场。因此，如果想让孩子说实话，必须让他有足够的安全感，他才愿意吐露真言。当孩子第一次告诉父母他在外面闯了什么祸或考试不及格时，父母首先要表扬孩子的诚实行为，然后冷静、耐心地听孩子的想法和解释，和孩子一起分析错误的成因、根源，再制定解决问题的对策。比如，当孩子承认他在学校打伤了同学，父母应该这样回应："我很高兴你愿意跟我说实话，这需要很大的勇气才能做到。你的诚实让我感到骄傲，不过，我们还是需要讨论一下应该如何友好地与同学相处。"如果不得不对孩子做出处罚，也要让他明白，处罚是因为他违反了规定，而不是因为他说了实话。很多时候，失败的教训更能推动一个人的成长。高明的父母可以让孩子在否定自己的过程中看到自己的成长，体会到更深刻的成就感。

有时青春期孩子撒谎并非出于恶意，只是想隐瞒自己不想让别人知道的事情。他们认为这没什么大不了的，是因为还没有尝到过撒谎的恶果。面对这种情况，父母要让孩子了解到撒谎带来的危害，劝孩子及早从这样的恶习中脱身，同时给予孩子一些自由的空间，不要所有事情都追根究底，否则只会让孩子的说谎技能更完善。

同时，父母不要轻易将青春期孩子的说谎行为与其品质画等号，不能因为孩子的一次谎言就给孩子定性，给孩子贴上"小骗子""谎话精""吹牛大王"等标签。这样做不但无助于孩子改掉说谎的毛病，反而对其说谎行为起到了强化作用，促使孩子以后更加努力地说谎。

阅读小贴士：

根据最新的一项研究，青少年时期是最会说谎的年龄段，这主要是因为青少年的思考速度非常快。研究发现，6～8 岁的儿童说谎最少，其中只有 1/4 该年龄段的儿童每天说谎的次数会达到 5 次。同时，43% 年龄在 9～12 岁的少儿每天说谎的次数为 1～5 次；60% 年龄在 13～17 岁的青少年，每天说谎的次数高达 5 次。

9. 抽烟很呛人，我只是为了耍酷

现实中，青春期孩子偷偷抽烟，并不是因为他觉得抽烟很舒服，而是认为别人会觉得抽烟很酷，但这其中也不能忽视父亲和老师的影响。儿童时期，父母和老师是孩子崇拜的对象，如果孩子觉得父亲或老师抽烟很酷、很有个性，那么他进入青春期后就很可能模仿这一行为。

同伴的影响也是其中的重要因素。如果孩子的朋友圈里流行抽烟，那么他学会抽烟是迟早的事情。尤其是当朋友的年龄普遍比孩子大时，孩子抽烟的可能性更大，因为团体意识会迫使他学会抽烟，从而得到同伴的认可，青春期孩子是很渴望同伴认同的。

贝利从小就显现出非凡的足球天赋。他常常踢着父亲为他特制的“足球”——用一个大号袜子塞满破布和旧报纸，尽量捏成球形，外面再用绳子捆紧，然后在家门前那条坑坑洼洼的小街上赤着脚练球。尽管他经常摔得皮开肉绽，但他始终不停地向着想象中的球门冲刺。

渐渐地，贝利有了些名气，许多认识不认识的人常常跟他打招呼，还向他递烟。像所有未成年人一样，贝利喜欢吸烟时那种“长大了”的感觉。

有一次，当贝利在街上向别人要烟的时候，父亲刚好从他身边经过，脸色很难看。贝利低下头，不敢看父亲的眼睛，因为他看见父亲的眼睛里有一种忧伤、一种绝望，还有一种恨铁不成钢的怒火。

父亲说："我看见你抽烟了。"

贝利不敢回答，默不作声。

父亲又说："是我看错了吗?"

贝利盯着父亲的脚尖，小声说："不，你没有。"

父亲又问："你抽烟多久了?"

贝利小声地为自己辩解："我只吸过几次，几天前才……"

父亲打断他的话，说："告诉我味道好吗？我没抽过烟，不知道烟是什么味道。"贝利说："我也不知道，其实并不太好。"说话的时候他突然绷紧了全身的肌肉，手不由自主地往脸上捂。因为他看见站在他跟前的父亲猛地抬起了手，但是，那并不是贝利预料中的耳光，父亲把他搂在了怀中。

父亲说："你踢球有点天分，也许会成为一名优秀的运动员，但如果你抽烟、喝酒，那就到此为止了，因为你将不能在 90 分钟内保持较高的水准。这事由你自己决定吧。"

父亲说着，打开他那瘪瘪的钱包，里面只有几张皱巴巴的纸币。父亲说："你如果真想抽烟，还是自己买比较好，总跟人家要，太丢人了。你买烟需要多少钱?"

贝利感到又羞又愧，眼睛涩涩的。可他抬起头来，看见父亲的脸上已是泪水纵横……后来，贝利再也没有抽过烟。他凭着超人的自控能力勤学苦练，终于成了一代球王。

抽烟这一行为并不被推崇，因为对健康有害，这一点青春期孩子可能并不清楚，只是在模仿的过程中习得了这种行为。父母要接受，青春期孩子的各种行为都是成长的表现，尽管心里极不认同，也要无条件地暂时接受。

要想孩子不染上抽烟的恶习，最好的办法是做好预防教育，不要给孩子提供一个吸烟的环境。有的家长自己吸烟却要求孩子戒烟，这相当于嘴里叼着烟，却大谈香烟对健康的危害。同时，父母要让孩子明白，吸烟既不酷，也不能显得他特别，而且吸烟有害无益：烟草中含有几百种有害物质，青少年各器官尚未发育成熟，容易吸收这些有毒物质，使身体受到摧残；抽烟也会使身边的人健康受损。买烟抽会使孩子产生经济压力，而青少年还没有经济来源，这就容易诱发一些不良行为，甚至引起犯罪。乱扔烟头，还会引发火灾等。

父母应以平等、尊重的态度，和颜悦色地与孩子展开讨论，比如陪孩子观看吸烟者死于肺癌的电影，或者让身边的人现身说法，引导孩子领悟吸烟带给自己和周围人的危害，调动孩子戒烟的主观能动性，自觉远离香烟的危害。

大量事实表明，青春期孩子开始出现抽烟的行为时，也正是他失去学习兴趣的时候。绝大多数抽烟的青春期孩子的学习成绩都不好。对此，父母要引导孩子走上学习的正道，经常关心和辅导孩子学习，表扬孩子在学习上取得的每一点进步，引导孩子将主要精力花在学习上。

当然，一旦孩子抽烟上了瘾，要想戒掉就需要付出很大的努力。所幸青少年的烟龄并不长，一般可以采用直接不吸或者逐渐减少吸烟次数的方法，丢掉所有的香烟和打火机，避免和抽烟的朋友接触，并远离抽烟场所。还可以告诉孩子，烟瘾来时，可以咀嚼无糖分的口香糖，或者去运动，以分散注意力。如果家里爸爸抽烟，妈妈可以制定一个父子共同戒烟的计划。心理学研究表明，结伴戒烟比独自戒烟的效果要好得多，因为戒烟者会相互监督，相互比较。

如有必要，父母可以帮助孩子的朋友一起戒烟，或者帮助孩子建立新的社交圈。同伴不抽烟了，孩子才有可能彻底戒烟。

值得注意的是，戒烟不是一蹴而就的，需要一个过程，甚至还会有反复的现象。因此，父母要做好心理准备，只要孩子有了戒烟的意识，就一定要多多鼓励。在这个过程中，还可以争取学校老师的帮助，让老师在课堂上讨论抽烟的危害等，进一步增强孩子戒烟的意识、坚定戒烟的决心。

10. 为了追求自由，我总想离家出走

倘若我们对青春期孩子进行一次采访，想必有近一半的孩子正在酝酿从家里逃跑的计划，甚至不止一次产生过立刻就从家里离开的想法。当然，这些孩子并非都经历着家庭变故，或者在家里遭受着种种压力。他们想逃跑，只是一种单纯的青春期心理状态。

青春期是一个特殊的时期，孩子由对家人的依附、信赖，逐渐转变为对自我的期待；对家庭的感觉，也由安全逐渐转为厌倦。这是青春期孩子的自我意识膨胀，希望寻求独立空间和自由而产生的。另外，父母对青春期孩子叛逆的不适应，动辄出口训斥，甚至大打出手，也是青春期孩子渴望离开家庭的一个重要原因。

这天，妈妈帮小玲收拾房间的时候，发现了她写的一篇日记："爸妈最近真是太烦了，我所有的事情都要过问，回家问学校的事情，写作业的时候问学习的事情，周末外出回来还要问朋友的事情……我已经上初中了，不需要他们像对待幼儿园小孩那样对待我。他们做父母的这么烦，我真盼着早点离开这个家。"妈妈看后感到十分吃惊，没想到平时不爱说话的女儿心里竟然藏着这样的感受。当天晚上，她和丈夫私下达成了一项协议：与孩子交流时少问问题，

多说一些轻松愉快的话题；不唠叨，不给孩子过多压力。

青春期孩子离家出走的原因一般有以下几种：一是人格异常。这种孩子通常对周围的人抱有很强的敌意和戒备心理，容易因为跟同学或老师、父母闹矛盾而突然出走。二是学习负担过重，产生了厌学情绪，于是以逃学或出走的形式表现出来。三是人际关系紧张。由于父母望子成龙心切、师生关系紧张以及与同学相处不融洽，孩子的心理十分压抑，于是弃学离家出走。四是受到外界环境的诱惑。孩子通过各种信息渠道接收到了很多信息，其中一部分人经受不住诱惑，对学习毫无兴趣，热衷于早恋或者沉迷网络等，最终发展到离家出走。

对于每一个家庭来说，孩子离家出走就像一个山崩地裂般的灾难。生活中常见家长举着孩子的照片一个城市一个城市地寻找，有因找不到孩子而精神失常的，有为了孩子出走相互责怪而导致夫妻离婚的，还有为了寻找孩子而债台高筑的……

为了避免悲剧的发生，父母首先要改变自己的态度，远离语言暴力。生活中，很多父母经常用一些话来恐吓、威胁孩子，因为他们觉得孩子对家庭是有依赖性的，离开了家，孩子什么都做不了。于是，当孩子做了什么让父母不满意的事情，父母就会说："你最好在我眼前消失！""再这样不听话，我就不要你了！""我再也不管你了，随你便好了！""给我滚！""有本事就别回来！"有的孩子可能会被吓住，有的孩子则认为这是一种侮辱或抛弃，所以他们选择离家出走，以示反抗。

一般来说，以下类型的孩子是出走的高发人群：性格过分内向，不爱交际，自尊心过强，学习有压力，遇事忧虑过重的；对金钱兴趣浓厚，不守纪律，盲目冒险，对学校和家庭缺乏感情的；已经有过逃学行为的；有赌博、吸烟、沉迷网络等不良行为的。这些孩子的不健康心理最集中的表现是，缺乏责任心，心理脆弱。

孩子出走前往往会有一些先兆，比如突然变得魂不守舍，好像在想什么事情；或者吞吞吐吐，做事犹豫迟疑；或者一反常态，格外殷勤，大笑大叫……父母一定要多加留意，一旦发现孩子有出走迹象，应该设法阻止，打消孩子出走的念头。对于家里出现的问题，尤其是和孩子之间的问题，父母不能避而不谈，而应营造直面问题、积极处理问题的家庭氛围，这也能在一定程度上减少孩子在青春期想要逃离家庭的念头。

有的时候，父母还要适时充当“不闻不问”的父母，给予青春期孩子充分的自由。步入青春期的孩子本身已经发生了很大的变化，不再需要父母嘘寒问暖、事事为他安排，相反，他会觉得这是一个无形的枷锁，父母逼得越紧，他就越想逃。因此，父母不妨跟着孩子的变化而变化，孩子不喜欢父母过于“热情”，那就适当表现一点“冷漠”，给本来就烦躁的青春期孩子降降温。父母应该讲究民主和平等，别再简单地命令、片面地禁止，甚至打骂。大凡亲子关系良好的家庭，孩子绝少出走。

如果孩子不幸离家出走了，父母在寻找的同时应该和媒体、公安民警等取得联系，寻求帮助。孩子找回来后，千万不要因一时之气而责骂孩子，否则只会加重孩子的抗拒心理。相反，父母应该很自然地欢迎孩子回家，平心静气地跟孩子交谈。如果孩子是因为父母而离家出走，父母要勇于跟孩子说“对不起”。最重要的是，父母要帮助孩子解决具体的困难，让孩子接受教训，继续前进。

如果孩子离家出走后，又自己主动回家，父母要好好跟孩子沟通，并安慰在外受苦的孩子，让他感受到家庭的温暖，提供一个安定、和谐、温馨的家庭氛围，使孩子纷乱的心安定下来，再慢慢地跟他讲道理。如果对回来的孩子又打又骂，很容易使孩子再次选择离家出走。

很多青春期孩子负气离家出走时，通常没有想过可能造成的后果。父母要告诉孩子，一时的冲动往往会带来难以预料的后果。倘若遇到坏人，或者遭遇意外，该怎么办。父母还要让孩子知道，无论父母说过什么，做过什么，父母的出发点都是爱他的，要让他体会到父母心中对他的爱。

阅读小贴士：

把选择权还给孩子会产生什么效果呢？

心理学家曾经做过一项关于儿童心理学的研究实验，他们找来一些超重儿童，分成 A、B 两组。在实验中，A 组儿童按照减肥专家的建议执行减肥计划，所有的减肥措施都是减肥专家也就是孩子心目中的权威来制定的。B 组儿童可以根据减肥专家的建议，自由选择减肥方案。也就是说，怎么减肥由孩子自己决定。减肥期间，减肥专家不断提醒 B 组的孩子，他们的减肥方案是自己选择的。3 个月后，实验人员发现，B 组中自行选择减肥方案的孩子，普遍比 A 组孩子减掉了更多的体重。

心理学家由此得出结论，当孩子可以自由选择的时候，会最大限度地内化自己的行为，并且对自己的选择抱有更大的责任感，做事的动力也更加充足。

第二章　管什么和怎么管

——宽严适度，尊重孩子的成长需求

不同的父母，不同的指引方式，会造就不同的孩子。孩子一天天地长大，环境一天天地变化，尤其对青春期的孩子的要求和规范应该做到与时俱进，从而给他们提供一个良好的成长空间。父母只有不断加强学习，提高自己的情商、智商，才能正确引导孩子，帮助孩子顺利度过青春期。

1. 父母要求各异，我担心自己会精神分裂

著名教育家陶行知先生认为：“做父母的对子女的教育应有一致的措施。中国家庭教育素来主张刚柔并济。父亲往往失之过严，母亲往往失之过宽，父母所用的方法是不一致的。虽然有时相成，但弊端未免太大。因为父母所施方法宽严不同，子女竟至无所适从，不能了解事理之当然。并且方法过严易失子女之爱心，过宽则易失子女之敬意。这都是父母方法不一致的弊病。”

一般来说，青春期孩子已经知道看父母的脸色行事，如果父亲管得松，那他肯定会“投靠”父亲，和父亲一起“对抗”母亲。在母亲的教训下，父亲对孩子的行为给予肯定，不仅没有形成合力，反而会造成家庭教育力量的互相抵消。青春期是孩子一生中的关键时期，父母必须要表现出教育的一致性，这样才能发挥教育应有的作用。

每到周末，妈妈都会让女儿打扫自己的房间，她认为这是孩子有能力而且应该帮父母做的事情。但是爸爸总是把孩子做家务与奖励联系在一起，他的主张是，女儿做了家务，应该适当给予物质奖励。渐渐地，女儿每次做完家务也开始向妈妈索取她“应得”的奖励。妈妈对此感到很不满，觉得是爸爸惯坏了孩子。

人与人之间的分歧是客观存在的，也是无法避免的。即使是感

情很好的夫妻，在教育孩子时，也不可能永远保持一致的态度；就算基本观念一致，也可能会在具体问题上出现分歧。比如，父母都想让孩子吃得营养健康，但有时也会因为让不让孩子吃零食而发生争执。那么，出现分歧应该怎样处理呢？

毫无疑问，解决分歧离不开沟通，夫妻之间应该求大同存小异，最重要的是，不要把分歧暴露在孩子面前，在孩子面前讲话要注意分寸，否则细心的孩子也会觉察出来，而且很自然会倒向对自己有利的一方，而拒绝听从对自己不利的一方。在这种情况下，孩子怎么可能受到良好的教育呢？

所以，即使一方教育孩子的方式方法不当，另一方也不要轻易进行指责，指责从来不会让人心悦诚服。尤其是孩子在场的时候，父母会有一种维护自己尊严和权威的心理需要，简单的指责除了引发夫妻之间的争吵，不会有任何作用。因此，父母一定要努力克制自己，少一分正面冲突，就会少一分对孩子的负面影响。

当然，避免正面冲突，并不是说不再理会这次分歧，而是在事后寻找恰当的时机和方法进行沟通。比如，爸爸强迫孩子做算术题，妈妈虽然不赞成，但也不必当场表示反对，可以在爸爸心情愉快的时候，一起探讨让孩子做算术题有什么积极意义，又有什么消极影响。通过反复磨合，使双方在教育孩子上逐步趋向一致。

如果一方在教育孩子上认识有误，光讲道理是不够的，实际情形往往是双方各有各的理由。为了说服对方，一定要辅以生动的事例，它往往比抽象的道理更有效。因此，平时要多阅读一些家教方面的书籍报刊，收集一些教子的成功案例，并在亲戚朋友中留意他人在教子方面的成功做法。这样，不仅自己受益匪浅，也能有效地影响对方的态度。

如果夫妻两人实在无法达成一致，可以共同学习教育子女的知识，借“权威”来调整自己的认知，进而改变错误的做法。

有时也有可能父母是一致的，但祖辈因为疼爱孩子，在惩罚孩子的问题上与父母态度不一致。毕竟祖辈和父母是两代人，除了在年龄上有较大的差异外，思考方式、生活经历、个人爱好、生活习惯、社会条件以及所受的教育等都存在很大差别，在教育孩子时持有不同的意见、态度和方法是很正常的。父母既要看到老人溺爱孩子的“必然性”，肯定老人的慈爱之心，尊重老人的劳动成果，对老人的哺育之情表示由衷感激，但也必须向老人陈述正确教育孩子的责任以及溺爱孩子的危害性，让老人配合教育好孩子。

阅读小贴士：

老人带孩子的弊端如下：

1. 过分疼爱导致溺爱。老人往往格外疼爱孩子，容易无原则地迁就和溺爱，同时又担心差错，引起儿女怪罪，于是处处顺着孩子，满足孩子各种合理不合理的要求。

2. 教育跟不上时代的发展。在社会飞速发展的今天，老人的思想观念相对落后，不太容易接受新事物，跟不上社会发展和观念更新的步伐。

3. 容易导致亲子关系疏远。父母爱孩子一般比较严格，老人爱孩子则比较慈爱宽容。于是，当父母对孩子实施管教时，老人一般会加以袒护与阻拦，使得父母无法行使教育子女的权利，进而导致与老人之间的矛盾，以致关系疏远。

4. 活动范围较小。老年人生理机能衰退，腿脚不便，喜静懒动，往往把孩子限制在一个小圈子里，使得孩子老成有余，活泼不足，阻碍孩子全方位的发展。

2. 不稀罕你们的买买买，我需要的是陪伴

孩子进入青春期后，父母也需要随之调整自己的教育方式，从起主导作用的教育者变成陪伴孩子成长的朋友。陪伴，对青春期孩子来说十分重要，但现在很多父母的最大难题是没有时间，他们总是有很多事情要忙，忙工作，忙应酬，忙着玩手机……

但是，父母要明白，对于青春期孩子，仅有物质关怀是不够的，真诚的陪伴、悉心的关怀更加重要。通过一点一滴的陪伴，父母可以了解青春期孩子内心的矛盾，了解他对同学和老师的看法，了解他思维上的局限和亮点。最重要的是，通过陪伴，父母可以和青春期孩子建立起沟通和交流的渠道，使他愿意向父母倾诉，与父母一起讨论怎样处理各种难题。

美国前总统奥巴马和妻子米歇尔每天都很忙，可以说是“日理万机”。但无论多忙，他们都会挤出时间和孩子一起共享天伦之乐。他们指导孩子做家务，拉着孩子的手滑旱冰，给孩子朗读有品位的图书——奥巴马曾经一连多日，每天朗读一部分内容，给大女儿读完了 7 册《哈利波特》。当大女儿参加学校的足球比赛或别的表演时，奥巴马夫妇会抱着小女儿亲临现场观看，跟孩子一起体验竞赛的乐趣。有时出差在外，不能陪伴孩子，他们便每天晚上与孩子通

电话，让孩子感受到父母的思念和关怀。

让奥巴马感到自豪的是：竞选总统期间，在长达21个月的时间里，在让人紧张得喘不过气来的大选中，他没有错过任何一次家长会。

所以说，因为忙而无暇陪伴孩子，也许只是一个借口。只要你想跟孩子在一起，不论多忙，总能挤出时间来。

暂时放下工作，花时间和孩子相处、一起游戏、享受自由自在的时光，这是再多的工作成就与金钱都无法取代的，父母根本无须因此而产生罪恶感，只需把全部的注意力集中在孩子和自己身上。如果有人打电话来，不要接。即使不得不接，可以告诉对方你现在不能跟他说话，因为现在是你和孩子单独相处的时间。孩子会很愿意听到你这么说。

单独相处的时间对青春期孩子尤其重要，但是总能找到双方都喜欢做的事情并不容易，不妨试试运动、听音乐、看电影、阅读、骑自行车、玩拼字游戏或到郊外野餐等，这些活动都可以让一家人享受共处的好时光。

全家人一起共进晚餐也很重要。用餐时，一家人可以谈天说地、培养感情。在轻松享受美食的同时，父母可以和孩子分享一天中发生的事情。需要注意的是，用餐时应该是放松、愉快的，所以谈话内容也应该尽量轻松、自在，尽量不要谈论不愉快的事情。

值得注意的是，不要把陪伴孩子的时间变成教育时间。有些父母因为工作繁忙，于是在陪孩子时，抓住时机向孩子灌输一些自认为应该教给孩子的东西，但这种枯燥的说教会让青春期孩子感到压抑甚至厌烦，导致不愿与父母亲近。

其实，只要父母陪伴在自己身边，孩子就会感到安心；如果能融入父母的生活中，孩子就会很开心。因此，在共处的时间里，父母和孩子可以彼此谈谈自己的情况，带孩子做家务，陪孩子一起做作业、运动，不需要讲太多的道理，孩子便能受到很好的教育。

3. 你们太落伍了，还整天要求我进步

曾经有一篇非常火的博文，一个孩子写了一篇《我的妈妈是个无用的中年妇女》的作文，直言自己的妈妈除了打牌、看肥皂剧，什么都做不好，什么也不会，是一个无用的中年妇女。

现实中，青春期孩子看不起父母的现象并不少见。随着年龄的增长，孩子的见识、思想深度与大人的差距越来越小，有的甚至超过了父母。进入青春期后，孩子不再像儿童时期那样无条件地服从父母，反而希望摆脱父母的束缚及对父母的依赖，开始独立自主的生活。与之相反，父母们表现出来的则是退缩趋势。生活中经常见到人到中年的家长，尤其是妈妈们，孩子日渐长大，生活安稳，于是在悠然自在中放弃了自我成长，对新知识、新资讯没有多大兴趣，几乎不会主动扩大和更新自己对世界的认识；而人际关系也渐渐简化为亲人关系，视野越来越窄，与外面的世界日渐疏离。结果是只长年龄不长智慧，慢慢变得刻板、固执、武断，遇事仍然用老观念旧办法，一旦自身的权威受到孩子的挑战，便恼羞成怒，靠打骂来维持最后的尊严。由此我们不难理解，为什么其乐融融的亲子关系到了孩子青春期便变得十分紧张，甚至剑拔弩张。

心理学家发现，孩子在 10 岁以前处于对父母的崇拜期，20 岁以

前处于对父母的轻视期，30 岁以前处于对父母的理解期，40 岁以前处于对父母的深爱期，直到 50 岁才真正了解自己的父母。而 10～20 岁是代际冲突最为激烈的时期，这一时期的孩子是最不让父母省心的。很多这个年龄段的孩子，为了证明自己已经长大，思想已经成熟，往往开始质疑父母，认为父母想法老土、观念跟不上时代等。认识上的差异会加剧亲子之间沟通的难度。

对于父母来说，教育孩子不可能一劳永逸，真正的教育离不开父母的自我完善和成长。陶行知有个著名的教育理论叫“生活即教育”。随着青春期孩子不断成长，对世界有着强烈好奇心和求知欲的他们，无时无刻不在观察、思考和发问。父母的每一次解答和对话，对孩子来说不仅是知识的传递，更是情感的交流和思维观念的渗透。如果父母本身是狭隘的、阴暗的，又如何去熏陶、启发孩子变得丰盈、积极呢？

40 岁那年，徐枫突然报读了英语夜校，大家都感到有点惊讶，问及原因，原来，徐枫在和两个孩子交谈或看电视时，孩子们喜欢在说话时夹杂一两个英文单词，比如“今天玩得很 high”“那个人非常 nice”等。而徐枫的英文很差，经常听不懂他们说的话是什么意思，于是便向孩子请教。刚开始，孩子们都很乐意为妈妈解答，有时还开玩笑地说：“那么简单都不懂，妈妈真笨！”后来，孩子们渐渐不耐烦了，为了与孩子更好地沟通，徐枫决定报读成人英语夜校。

孩子们知道这件事后，深为妈妈的精神震撼——妈妈为了他们，什么事都愿意尝试。在学习过程中，孩子们也经常教徐枫学一些单词，纠正她的发音，还会把学校的事情和自己的心事主动告诉她，亲子关系十分融洽。

随着社会的进步和科学技术的迅猛发展，人们所要学习的更新的东西越来越多。作为父母，应该随时体现出求知上进的精神，给孩子做榜样。现在电台、电视台关于青少年教育的节目有很多，报刊、杂志对青少年的动态报道也很及时，教育专家们以出书、讲座等各种方式来点拨和指导人们如何教育孩子。如果父母不学习，就跟不上形势，掌握不了正确的教育方式，孩子也许就会被耽误了。

此外，父母还要试着去了解青春期孩子，理解他，认同他。比如，孩子是不是对某个明星格外喜欢？是不是特别关注某一支球队？是不是特别喜欢某种运动？如果答案是肯定的，那么父母也要主动学习、了解这些知识，当父母和孩子有了共同话题，还用担心孩子认为自己“土”吗？

有的时候，青春期孩子说些另类的网络语言，只不过是想传达一种夸张的态度。只是这种态度与传统的表达方式相比有些夸张而已。父母不必因此呵斥或制止孩子，还应该主动学习并了解一些网络语言。当孩子发现父母也在有意识地学习和使用网络语言时，通常会觉得自己与父母的距离一下子缩短了许多，从而有利于亲子沟通。

国外有句谚语，种一棵树最好的时间是25年前，其次好的时间是现在。所以，从现在开始吧！用自己的成长来温暖孩子，感染孩子，只有当父母时刻处于成长之中，孩子才会尊重父母、学习父母！

阅读小贴士：

1965年12月，在联合国国际成人教育会议上，法国著名教育思想家保罗·郎格朗首次提出“终身学习”的理念，并很快为世界各国所接受，成为人类适应社会生存的一种新理念。

多项研究表明，重视终身学习，愿意自我提升的人和他的事业成就之间存在正相关的联系。而且，持续学习能让人保持更稳定的情绪状态、更快的大脑反应速度、更强的记忆力，对事业的把握也会更精准。

4. 别再跟我提经验，听你们的就没对过

俗话说："不听老人言，吃亏在眼前。"作为父母，确实比青春期孩子有着更多的人生阅历和经验积累，在很多事情上比青春期孩子更有发言权。也正因为如此，很多父母喜欢以自己的经验来指导孩子的行为，阻止孩子想要尝试的事情，这对青春期孩子的成长显然是很不利的。

在西方国家，父母往往从孩子很小的时候就开始培养其探索、冒险的精神，想尽办法锻炼孩子的勇气和胆识。比如观看马戏时，他们会在牛身上挂满玩具，然后对孩子说："谁想要那些玩具，可以上台从公牛身上拿。"这时，很多孩子会踊跃上台，和牛斗勇斗智，以便取得玩具。父母不会因为危险而阻止孩子，反而会鼓励孩子努力，在孩子表现机灵时送上自己的掌声，给孩子加油。

下面我们来看看美国著名教育家芭芭拉的做法：

一天吃早餐时，儿子约瑟夫对芭芭拉说："妈妈，我想把头发一侧留成双条式的发型。"芭芭拉很不喜欢那种发型，但是她也知道，这样做并不危及生命、违背道德，而且头发会重新长出来。因此，她对儿子说："我不喜欢这种发型，而且我相信大多数人也不喜欢这种发型。不过，我尊重你的决定，但是你也得忍受别人对你发型的

非议。”

周末，芭芭拉带着约瑟夫来到理发店，约瑟夫向美发师说明了自己想要剪的发型。美发师也觉得有些惊奇，于是询问芭芭拉的意见，问她是否同意，芭芭拉说：“我不喜欢，但这是他的决定。”就这样，约瑟夫成功地得到了自己想要的发型。但他的得意没维持多久，没过两天，他就试图恢复正常的发型，但显然无济于事。这以后，他又换了七八种奇特的发型，芭芭拉对此始终保持着耐心。后来，约瑟夫终于开始留传统的发型，并且再也没有改变过。

在确定儿子的行为无伤大雅的情况下，芭芭拉给予了儿子足够的尊重，最终使儿子在实践中自己醒悟过来。这种做法避免了儿子在背后喊她“老古董”，也不会使儿子因得不到妈妈的理解而耿耿于怀。

要做到这一点对父母来说并不容易，因为没有哪个家长愿意眼睁睁地看着孩子犯错，造成不良后果。所以在中国，很多父母教育青春期孩子时总是拿自己的经验说事，生怕孩子因为经验不足而吃亏，或者因此受到伤害。比如孩子想尝试一下蹦极的感觉，父母马上阻止：“不行，我试过那个，太恐怖了，你不能去。”孩子想按自己的喜好行事，父母马上发表自己的经验之谈：“这件事你得听我的，我有经验……”这种做法表面上保护了孩子，实际上严重影响了孩子自我判断、由实践得出真知的权利，从长远来看对孩子危害更大。

当然，这并不是说为了锻炼孩子，父母应该让孩子平白无故去冒险，而是要对孩子表现出来的探索和冒险精神进行鼓励和支持，不能老用“我有经验，这样不行”来否定孩子。现代社会需要的是创新型、探索型的人才，如果孩子完全遵从父母的经验，只会变成一个亦步亦趋的模仿者，失去积极探索的精神。而且，一直处于父母的经验保护下的孩子，也很难适应现代社会的激烈竞争。

那么，父母应该怎么做呢？作为青春期孩子人生道路上的重要引导者，父母的经验对青春期孩子的成长至关重要，对于青春期孩子处理同学之间的关系、与他人和谐相处、组织某些活动有着重要作用。但是，父母指导的原则是跟孩子分享自己的经验，而不是强行灌输经验。父母可以对孩子说："……这是我的经验，你可以参考一下，至于怎样去做，需要你自己决定。"这样孩子才能综合父母的经验和自己的感觉，做出自己的判断，得到自己的经验。正如电视剧《我的青春谁做主》中，孩子说："成长的经验是要靠我们自己获得的，不是靠父母的强行灌输。如果我不栽跟头等于没有经验，那么早晚有一天还是会跌倒。父母的经验是很宝贵的，但是仅供参考。"

阅读小贴士：

1. 让孩子反感的说法：

"我这也是为了你好，不听老人言，吃亏在眼前！"

"我是过来人，我知道什么才是对的！"

"你现在恨我，长大了就会感激我！"

"如果我不提醒你，将来你吃了亏会怪我！"

2. 受孩子欢迎的说法：

"对于这件事，我知道的并不比你多，你得自己去尝试！"

"我不能告诉你什么是对的，你要为自己的选择负责！"

"也许你是错的，但谁又能次次都做对呢？我也做不到。"

"如果你碰壁了，我将永远站在你背后支持你，但我不能为你做任何决定。"

5. 我有自己的主张，别整天把我当小孩

现在，在很多家庭中有一种奇怪的现象：一方面，父母对孩子很娇惯，几乎有求必应；另一方面，父母从来不把孩子当作一个有思想、有主见的人，也不会去想自己对孩子的做法是否恰当，孩子会有什么想法。因为他们是父母，所以一切做法都是应该的、合理的。

所以我们也经常会听到不少青春期孩子抱怨："每当我的意见与父母不一致时，他们就会以势压人，不让我说话。"以势压人，不允许孩子发表自己的意见，这种做法是违背教育宗旨的。现在很多青春期孩子做事缺乏主见，与父母做事武断、不让孩子发表意见有很大关系。

这天晚上，父母在商量怎样装修新房，小泽一直梦想有一个属于自己的房间，他仔细听着父母的谈话，想知道父母打算如何装修他的房间。在提到小泽的房间时，妈妈不以为意地说："我看随便弄弄，放张书桌和小床就可以了！"

小泽一听急了，插嘴道："不行，我想把墙刷成淡淡的蓝色，上面画上机器猫；还想要一个高架床，一张电脑桌……"

"你懂什么？孩子的房间越简单越好，实用最重要！"爸爸不耐烦地说。

“我一直都在设计我们班的板报，大家都夸我设计得好，我也想自己设计自己的房间……”小泽辩解道，但他的声音越来越小了。

“房间和板报能一样吗，你脑子里都在想些什么啊，房间弄得花里胡哨的，像什么样子？”爸爸在旁边呵斥道。小泽的眼泪一下子流了出来。

上例中的父母视服从为最高境界，要求孩子必须完全服从。他们对孩子的规定与要求，从来没有任何原因或理由，因为规定就是规定，而且规定都是正确的，父母当然也是对的，丝毫不允许孩子质疑。他们深信养育孩子就是一场战争，孩子不了解他们，而他们却喜欢控制孩子的一切，迫使孩子养成重视权力的心理。

其实，不仅是青春期，孩子从出生起就有发表意见的要求，比如用手去触摸自己喜欢的东西，不喜欢某些人抱自己时就大声哭闹，父母对孩子的这些行为往往会全盘接受。那么，随着孩子渐渐长大，父母为什么又把这种自主权搁置了呢？压制青春期孩子发表意见，其实就是压制孩子的主见，对孩子的成长是很不利的，它会让青春期孩子关上自己的心门，拒绝与父母交流。

一位在缺乏温情和交流的环境中成长的孩子，成年后回想过去的经历，这样写道：“我们依赖父母，又恐惧父母；我们很想走进父母的心，但是又很难走进父母的心；我们很想和父母成为朋友，但是又很难和父母成为朋友；我们想与父母和睦相处，事实上却总是相互折磨。家庭教育中的硬暴力和软暴力极大地残害着我们的身心。”这不正是很多青春期孩子面临的状况吗？

为了营造融洽的亲子关系，父母应该将孩子看成平等的个体，给予充分的知情权和话语权，家庭成员之间可以随意谈论自己的想法，父母尤其要鼓励孩子发表意见，即使孩子的看法与父母不同。父母也应考虑孩子的理解能力，举出适当的事例来支持自己的观点，并详细分析双方的意见。当父母不压制孩子的思想，尊重孩子的感觉时，孩子自然会敬重父母。

当家里遇到事情，尤其是与孩子密切相关的事情时，父母要征求孩子的意见，并尽量尊重孩子的意愿。不要认为孩子还小，解决不了什么问题，即使跟他商量也没有用。其实孩子观察得很细致，而且也有自己独到的见解。

比如选择特长班、升学等，父母可以对孩子说："有件事和你密切相关，我们想听听你自己的看法和意见。"又如搬家、买房子等，父母应该让孩子知道，并鼓励孩子发表自己的意见："这件事非常重要，你有什么想法吗？"这样做可以让青春期孩子感觉到自己在家庭中的重要性，建立起对家庭的责任感，培养其主人翁意识和大局观。

平时遇到事情，不管是学校、家里的事情，还是报纸、路上看到的事情，父母都可以问问孩子的看法。爱吃什么，爱穿什么，爱玩什么，也要征求孩子的意见。这样，不但使孩子学会了独立思考，还拉近了亲子之间的关系。

父母平时讨论问题或商量事情时，也不妨询问一下孩子的意见，比如："你觉得爸爸这个想法怎么样？""你知道我们为什么这样做吗？"这样可以培养孩子对家庭的责任感，使孩子关心家庭事务，产生参与意识。值得注意的是，父母要把孩子当作一个真正的商量对象，说话态度要和蔼，不摆架子，这样才能让孩子觉得父母尊重自己、确实想听自己的意见，从而主动思考，发表自己的看法。对于孩子合理的意见，父母要及时采纳。渐渐地，孩子会产生成就感，提高参与的积极性。

当然，家庭中并非每件事都适合孩子参与，父母要事先考虑一下，哪些事情适合孩子参与决策，哪些不适合。一般来说，凡是对孩子身心健康有利的事情，都可以让孩子参与进来，比如家庭日常开支、假日游玩、赡养老人等问题。而夫妻之间的矛盾、对外应酬等事情，应尽量避免让孩子参与。

6. 你们管天管地，还管空气，我受够了

著名教育家陈鹤琴指出，在家庭教育中往往容易出现两种偏向：一是过于宽容姑息，一点也不管教，任孩子为所欲为；二是管教过严，事事都要孩子秉承父母的意旨。他认为“两者都失其平，不得谓之良教育”。

生活中，很多父母与青春期孩子发生冲突，原因之一就是对孩子干预太多，禁令不断，而且根本没有意识到这会给孩子的心理和情感带来多大的影响和伤害。于是，父母一天到晚盯着孩子的言行举止，而孩子则把一些真正会产生严重后果的想法、行为更深地隐藏起来，结果有一天让父母大跌眼镜：“我们平时管得那么严，孩子怎么会变成这样？”这就是典型的捡了芝麻而丢了西瓜。

小海上初中以后，很喜欢信息技术这门课，但父母担心他用电脑玩游戏，于是简单粗暴地禁止他“玩电脑”，要求他放学回家后不能碰电脑，而且必须完成老师布置的作业，然后做一些课外习题。如果小海完成得不好，就会受到父母严厉的批评。小海对此十分不满，既然父母不让他做他想做的事情，他就故意不好好学习，很快成绩便一落千丈。看着父母着急上火的样子，他心里感到十分痛快。

进入初三后，在老师耐心的开导下，小海才渐渐打消叛逆心理，

恢复正常的学习状态，后来顺利考上了市重点高中。

青春期孩子在成长的过程中需要锻炼，需要鼓励，需要树立信心，他们认为自己有潜力、有价值、有能力解决问题。如果父母过分挑剔、限制青春期孩子的行动，将使他感到气馁，并丧失信心。这会让孩子觉得父母总是不接受、宽容自己，自己什么事都做不好，从而疏远亲子之间的关系。如果青春期孩子没有经历从错误中反省、思考、提升的过程，是无法真正成长的。一旦青春期孩子听惯了父母的指责和不满，对批评的敏感度就会大大降低，把父母的话当作耳边风，这样一来，父母的话也就失去了效用，还会进一步加深亲子之间的矛盾。

过多地干涉青春期孩子，实际上是父母对孩子不信任、不尊重的表现，会使孩子受到伤害，理解和尊重才是构成良好亲子关系的基础。因此，父母应首先改变管教孩子的心态，给青春期孩子一些自己做主的空间。

现实生活中，不少青春期孩子的逆反，就是因为得不到父母的理解而造成的。一个好的倾听者往往比一个雄辩的批评家更能有效地解决孩子的逆反问题。在充分了解孩子的所思所想之后，父母可以对孩子不正确的想法和判断进行修正，明确指出他的哪些想法和判断是不对的，哪些是父母不能同意和接受的。孩子如果感觉父母的态度是和蔼可亲的，对自己是理解的，是能够设身处地为自己着想的，自然会乐于接受父母的意见，而不会再跟父母对着干。

在跟青春期孩子沟通时，父母可以和孩子讨论哪些事是重要的，将自己做人的原则告诉孩子，让他明白什么是可以做的，什么是违反法律和社会规范的。确定原则以后，全家人都应该按照这些原则行事。父母要以身作则，言行一致，尊重、理解、信任孩子。只要不违背原则，可以允许孩子进行多方尝试，当然也要注意度的问题。

同时，父母还要不断地发展、强化原则所涉及的方面。因为社会在进步，人的思想也在不断进步，青春期孩子在成长的过程中会广泛地接触社会，要遵守的行为准则也会越来越具体。

而对一些不涉及原则的小问题，比如偶尔与同学、朋友闹矛盾，或者想尝试奇装异服之类，不妨给予孩子充分的信任和自由，放手让孩子自己去解决。当青春期孩子有了足够的自由和权利，就不会将注意力过多地放在争取“主导权”上，而是会反过来为他人考虑，或者从事件本身出发，做出比较理性的选择。

阅读小贴士：

父母可以通过孩子的以下表现来判断是否管教过严：

1. 孩子太乖巧、太安静或不敢表达负面情绪。

2. 孩子对很轻微的批评都表现得十分敏感。

3. 孩子不会用越轨行为来探测你的底线。

4. 孩子没有幽默感或快乐感。

5. 孩子经常表现得烦躁不安。

6. 孩子在吃饭、睡觉或如厕等方面表现得有压力，比如孩子可能会表现出以前婴幼儿时期的行为特征。

7. 孩子进攻性比较强，有可能学习父母的行为，对自己的兄弟姐妹、同伴或宠物泄愤。

如果孩子有 3 项以上的表现，或者只有一两项，但经常出现，而且表现非常明显，父母就要反省自己的教育方式了。

7. 我接受你们的道歉，只求今后不再无故受伤

美国教育家斯特娜曾经说过：“勇于承认错误、探索新的谈话起点的父母，远比固执、专横的父母要可爱得多。”在传统的家庭观念中，父母是威严的，犯了错误也不应该道歉。所以，有不少父母为了维护自己的面子，即使做错了也不会向孩子认错道歉。在这样家庭环境中长大的孩子，自然不知道应该怎样表达自己的歉意。对于渴望受到成年人尊重的青春期孩子来说，父母做错了主动道歉能增加他的存在感，也在向他表明，向别人表示歉意并不是什么丢人的事情。

日本有位父亲在报上刊登了自己写给儿子的道歉信，信中说：“看了昨天你写给我的信，我内心受到了很大震动。最近一段时间，我的性格变得很暴躁，忽视了你的感受。在此，请接受我深深的歉意。给我一次机会，让我们像朋友一样说说心里话。看到这封信后给我打电话，好吗？永远爱你、惦记你的父亲。”

相信儿子看到这封道歉信后，肯定会为父亲这种自责反省、愿与儿子平等对话的勇气折服。

道歉之所以重要，是因为父母是青春期孩子的行为榜样。当父母说对不起时，也是在教给孩子道歉的价值以及如何道歉。如果孩子拥有了同理心、责任感，那么他和家人、朋友的关系也会变得更好。

道歉还可以很好地修复父母与孩子的关系。有些父母不太愿意

向孩子道歉，认为这样做会让自己显得软弱并且丧失权威。事实恰恰相反，这是父母敢于面对错误、严于律己的表现，从某种意义上来说，主动道歉也是父母在青春期孩子面前重塑威信、加强与青春期孩子关系的一个好办法。

举世闻名的西班牙神经组织学家拉蒙·依·卡哈，其人生的一个转折点就源于他父亲的道歉。

卡哈小时候很聪明也很调皮，12 岁那年，他运用自己所学的知识制造了一枚“大炮”，结果打伤了邻居家的孩子。卡哈被罚了款，还被拘留了。卡哈的父亲在大学里当应用解剖学教授，卡哈从拘留所出来后，父亲狠狠地教训了他，并责令他停止学业，去学补鞋。

不久，父亲觉得这种惩罚对孩子而言似乎过于严厉了，孩子做错事要管教，但不能因噎废食，于是，父亲把卡哈接了回来，对他说：“爸爸不应该因为你做错了一件事就中断你的学业，我向你道歉。现在，你继续去上学吧，好好完成你的学业，相信你将来会有出息的！”从此，卡哈刻苦学习，并对骨骼学产生了浓厚的兴趣，后来成为举世瞩目的神经组织学家，还获得了诺贝尔奖。

一旦意识到自己的错误，父母首先要做的就是勇于承认。毕竟，相对于承认错误时微不足道的自尊心受损，更重要的还是培养青春期孩子的是非观和诚实品质。

这种源于生活的行为规范、对事物认知的正常反应以及优秀思想品格的确立，要比父母逐个去教孩子应该遵守什么规矩要有用得多。青春期孩子一旦具备了有错就改、诚实认错的品质，在应对问题时就会以这一原则作为自己的行为规范。

假如父母明知自己错了还刻意隐瞒，且一错再错，当他们指出青春期孩子的错误并要求孩子立即改正、勇于认错时，孩子会对父母订立的规矩产生排斥和逆反心理，认为父母是在实施双重标准。

父母要明白，在青春期孩子面前承认错误，实际上是赏识和尊重孩子，这样不仅可以让孩子学会做人的原则，而且能让孩子对父母产生由衷的敬意，父母的威信才会真正树立起来，亲子关系也会进一步融洽。

道歉时要注意两点：一是态度要真诚。父母要真切反省自己的不当言行，真诚地向孩子表达歉意，深深地拥抱孩子，请求孩子原谅自己一时的冲动。如果父母对孩子说“我很抱歉冲你大吼大叫，说你懒”，然后又加上这么一句，“我只是因为你没有按时做完你该做的家务而烦躁”，那么道歉就会变味。父母应该为自己的行为承担责任，而不是去指责别人。孩子其实是最具有宽容心的，只要感受到了父母的真诚，马上就会冰释前嫌，原谅父母。

二是道歉要及时，这能大大减轻对青春期孩子的伤害程度。这就像一颗钉子刚刚扎疼，不等它扎深和流血，就马上取出并辅以止血和治疗措施，可以将伤害减至最小。

如果父母因为粗心而忽略了对孩子造成的伤害，或者碍于面子不向孩子道歉，孩子的内心就只能艰难地自我愈合。等到日后结痂长疤，父母再去道歉，伤害早已形成，道歉也于事无补了。所以，记住“伤害不过夜”，不要让孩子带着伤害进入梦乡。

值得注意的是，父母要认真改过，千万不要言行不一，刚刚道过歉又重复对孩子的伤害，这将使孩子加倍受伤。要让孩子知道父母会努力不犯同样的错误，尽量不再向他吼叫。在表达自己愿意承担的责任后，你可以说：“我会努力控制自己的脾气。放学后咱们一起去吃点点心吧，顺便谈谈你的日程安排和周末计划。”如果你因为发脾气一天说很多次对不起，那么道歉就失去了意义。这种情况说明你需要获得更多的支持，以改变吼叫的习惯。仔细检查自身状况，看看是不是压力增加，是否缺乏睡眠，或者忽略了满足自己的情感需求。你可以选择和朋友、亲人或者专业人士聊一聊这件事。

8. 对侵犯我的隐私，要大声说“不”

进入青春期后，孩子往往会给自己的抽屉上锁，似乎里面藏有什么秘密。其实，这是一种正常的心理现象，它体现了孩子的独立意识和自尊意识，表明孩子已经成长为一个拥有个人秘密的人，不再像童年时那样，什么事都愿意告诉父母。这个“隐秘世界”是孩子自由个性的集中体现，所有人包括父母在内都不可随意闯入孩子内心世界的“警戒线”。但是，很多父母以对孩子“负责”“关心”为由，想方设法翻看孩子的日记、偷听孩子谈话，而这些做法正是孩子最反感的行为。

这样一来，双方的矛盾便产生了。孩子觉得父母不尊重自己，父母也觉得孩子不尊重长辈，矛盾激化，造成亲子关系紧张。

互相尊重，是父母与青春期孩子之间很重要的相处方式。但在现实中，无论是父母还是青春期孩子，都缺乏这样的意识，缺少相互间的沟通和理解。作为父母一方，要学会尊重青春期孩子的隐私，不要把孩子当成自己的私有财产。

小胡是一个初二学生，最近他迷上了上网。可能是因为家里最近新买了一台笔记本电脑的缘故，一放学，他跑得比谁都快。回家后，他就钻进房间，打开电脑，有时连妈妈喊吃饭他也不愿意出来，作业经常写到半夜还没做完。妈妈留心观察后，发现儿子每天晚上都会在网上等一个叫“紫衣云梦”的女孩。

为了看看儿子是不是早恋了，妈妈有一天早早地下班回家，打开电脑，还好儿子的聊天记录没有加密，她看到了那些聊天内容。原来，这个“紫衣云梦”是儿子小学时的同桌，现在出国了，很不适应国外的生活，于是找朋友倾诉一下。就在这时，小胡刚好放学回来，看见妈妈在查看他的聊天记录，不由得火冒三丈，摔门而出。

事后，妈妈在学校附近的一家网吧找到了小胡，并向他道了歉：“这事是妈妈做得不对，我应该尊重你的隐私，跟妈妈回去吧……”

回家后，妈妈跟小胡约法三章：一、互相之间不撒谎；二、说过的话要算话；三、不介入个人隐私。此后，小胡和妈妈的关系变得很融洽，几乎无话不谈。

哥伦比亚大学教育心理学教授金伯利·肖内特认为：“青少年时期对隐私的需要超过他一生任何其他时期，甚至成年期。如果你认为隐私对你很重要，那么它对你的孩子更重要。”

父母要明白，青春期孩子有了小秘密是很正常的，随着孩子渐渐长大，不再像小时候那样鸡毛蒜皮的事都向父母汇报，父母要适应孩子的必然变化，不要为孩子的独立而感到失落。

尊重青春期孩子的隐私，在家庭教育中应当表现为更多的契约精神和民主、协商的方式方法。父母应该给孩子留一块独享的天地。比如，进入孩子的房间应该先敲门；移动或使用孩子的东西应该得到他的允许；任何牵涉到孩子的决定都应该先和孩子商量；不要随意翻看孩子的日记或隐私；不可偷听孩子的电话，不可强迫孩子说出他不想公开的秘密，更不可嘲笑或轻视孩子的秘密，不能说“小孩子能有什么秘密啊?”“你那叫什么秘密啊!”之类的话。

当孩子弄乱环境或弄坏物品时，最好不要替他收拾或处理，他既然可以弄乱或弄坏，自然也就可以收拾。青春期孩子在成长期间会特别注意规则和秩序的建立，如果父母一味地替他做事，就会反复打乱或强制干扰孩子内心的秩序。表面上看似乎一切都被父母整理得井然有序，实际上却严重影响了青春期孩子内心安全感的建构，使孩子的内心陷入一种无序和混乱的状态。同时，这也等于是在剥夺孩子的权利，贬低孩子的能力，为他种下不负责任的种子。所以，如果确实想帮孩子合理地安排空间，可以事先与孩子协商，帮助他养成收拾房间、合理摆放物品的习惯，切不可不与孩子商量就直接去破坏孩子对自己空间的所有权，剥夺孩子应有的权利。

当发现青春期孩子把日记锁起来，或者有不向父母公开的信件时，父母应该加强与孩子的沟通，但不要直接逼问，而是采取关心、倾听的态度。可以告诉孩子，你对他能够与别人采取各种方式进行沟通表示高兴，提醒他收好并妥善处理朋友的来信，以免产生不必要的困扰。

青春期孩子因为是非观念不强、自制力比较差，在处理学业、情感、人际关系等诸多问题时，还不能把握好尺度，父母在细心观察孩子思想动态的同时，要根据孩子的性格、爱好和特征，针对性地采取相应的措施，培养孩子明辨是非的能力，引导孩子在学习和生活中检查、论证自己的思维过程和内心秘密的正确程度，以规范自己的言行。

另外，父母不可随意泄露孩子的隐私。因为青春期孩子和大人一样，有着很强的自尊心，也许在父母看来完全是可以一笑而过的小事，在他看来却比天还大，是他心中不容触碰的隐私。所以，当大人以开玩笑、恶作剧或强迫命令的方式来揭露青春期孩子的“隐私”时，尽管有时完全出于无意，却会使孩子的心灵受到很大的伤害。青春期的孩子正朝一个独立个体的方向发展，希望展现给他人的是正面的形象，所以父母要时刻注意自己的言行，尊重和保护青春期孩子的自尊心。

9. 不分场合就批评，能给我留点面子吗

英国思想家洛克说："父母不宣扬子女的过错，则子女对自己的名誉就愈看重，他们觉得自己是有名誉的人，因而更会小心地去维持别人对自己的好评；若父母当众宣布他们的过失，使其无地自容，他们便会失望，而制裁他们的工具也就没有了，他们愈觉得自己的名誉已经受了打击，则他们设法维持别人好评的心思也就愈加淡薄。"事实正是如此，青春期孩子一旦被父母当众揭短，甚至被揭开心灵上的"伤疤"，其自尊、自爱的心理防线就会被击溃，甚至会产生以丑为美的变态心理。

但现实中，很多父母经常犯这样的错误，一看见孩子做得不好就急了，批评起来不知分寸，也不注意地点和场合。比如对邻居和客人说："唉，我家孩子就是不爱学习，考试总是不及格。""我家孩子经常说谎，真是气人！"父母这样说可能是出于无心，只是一时气愤或口无遮拦，或者说明自己批评孩子的原因。但不管怎样，这种做法都是不对的。在外人面前宣扬孩子的缺点，对教育孩子毫无帮助，只会伤害孩子的自尊心。

宁宁的成绩不是很好，每次家长会后，她总会被妈妈数落很久，说她上课不知道干什么去了，父母辛苦挣钱，为什么她就不听话不

好好学习呢？妈妈之所以会有这样的举动，是因为很多老师会在家长会上点名批评某些孩子成绩不好、不服管教等。妈妈在家长会上被点名以后，觉得很尴尬，所以一出教室就揪着宁宁的耳朵不停地唠叨。她这样做也是想在其他父母面前证明她很在乎孩子的学习，随时都在教育孩子。她只想到自己在别人面前被数落了，觉得没面子，转眼就忘记了孩子也是要面子的。

青春期孩子一天天地长大，自我意识、思维都在逐步地成长，他会通过父母、老师、同学、朋友的评价来总结自己是一个什么样的人，看到自己是什么样子的。他会很在意别人对自己的评价。面对父母的批评，青春期孩子会一下把自己所有的努力全部抹杀，这对他是一个很大的心理打击，他会感到难受、羞辱、气恼而无法接受父母的做法。有的孩子会自闭，产生逆反心理，做出出乎父母意料的举动。

那么，青春期孩子自尊心强，难道就不能批评了吗？当然不是，只是要掌握一定的技巧。表扬要公开，批评要私下。如果迫不得已采用了当众批评的方式，父母的措辞也要严谨，不能进行人身攻击，发生什么事情就处理什么事情。有些父母之所以批评孩子遭到抵制，甚至让孩子产生不满，就是因为批评的理由不够充分，甚至夸大其词。

批评孩子时，父母应该用低于平时说话的声音，这会引起孩子的注意，也容易使孩子注意倾听父母的话。这种低声的“冷处理”，往往比大声训斥的效果要好。

有的时候，父母还可以运用沉默来达到批评孩子的目的。孩子做错了事，总担心父母会责备自己，如果父母真的这样做了，他可能会有一种如释重负的感觉，于是对批评和自己犯下的错也就不以为然了。相反，如果父母保持沉默，他的心里反而会紧张，会感到不自在，进而反省自己的错误。

第三章　成长的烦恼

——用赏识教育培养阳光少年

孩子步入青春期后，自我意识不断增强，自我观察、自我分析、自我比较明显，在生活中更加注重自己的仪表、举止以及他人的态度，而这种自我觉醒在带给青春期孩子成长惊喜的同时，还常常伴随着无尽的烦恼和苦闷。对此，父母要努力与孩子建立一种良师益友型的新型关系，帮助孩子发现自身的优点，完善心智，培养健全的人格。

1. 我其实也很优秀，只是不爱表现

进入青春期后，孩子总认为自己是世界的中心，一举一动都受人关注，所以觉得绝对不能丢脸。几乎所有孩子都有这种错觉，而不够自信的孩子表现得更为严重，其表现之一就是不敢在公开场合说话。

青春期孩子之所以没有自信，一定程度上是因为成长的过程中太少得到父母的肯定。比如孩子做事时，因为方法不当或是其他原因最终失败了，父母没有安慰，而是打击道："连这点事都做不好，你还能干什么?""你这个笨蛋，真丢人!"由于父母过于严格，总是在挑剔孩子这不行那不对，结果使孩子逐渐失去了动力，并且怀疑自己的能力："我是个什么都做不好的孩子。""我不如某某。"父母一次次不经意的打击，将孩子的自信心撕得粉碎。进入青春期后，孩子更加在意别人的评价，也就更没有信心和勇气去尝试了。也正因为如此，自我监控能力强的孩子，最缺乏尝试的自信。这种孩子成年后较难融入社会，缺乏创意，往往会选择安稳、无聊的生活。

孙倩得知儿子所在学校要举办艺术节，于是问儿子报名参加了什么节目。儿子支支吾吾地说没有。孙倩很纳闷："你不是很喜欢听相声吗，没事还模仿郭德纲说两段，为什么不练习一下，上去秀一段呢?""我不行啊！我们学校有好几个同学是市相声协会的，他们

都参加这次艺术节，还有专业人士指导，我肯定比不上他们，还是不上去丢人了。”

青春期的自卑心理有可能对孩子产生长远的影响，父母应该采取有效措施帮助孩子树立起自信。

首先要弄明白青春期孩子自卑的原因，有的孩子是觉得自己个子不够高，有的孩子是觉得自己英语说得不好，有的孩子是认为自己的家庭条件不如其他同学……父母应根据孩子的实际情况对症下药，比如孩子觉得自己个子不够高，可以举邓小平、拿破仑等人的例子，让孩子明白个子矮的人照样可以取得很高的成就，同时鼓励孩子参加自己擅长的活动，在活动中展示才华，获得成功的体验，建立自信的支撑点。孩子在享受成功的喜悦的同时将增强自信心，而自信心又会转化为强大的学习动力，从而拉近与成功的距离。

菲律宾总统阿罗约是举世公认的伟大女性，她从小身材矮小，相貌一般，同龄人都不愿意和她一起玩，有的还暗地里叫她“侏儒”。她唯一的一个朋友担心她承受不住打击，曾劝她退学，但她丝毫不把同学的嘲笑放在心上，拒绝了朋友的好意：“长得矮有什么关系，这并不影响我学习，也不会妨碍我进行正常的社会活动，他们爱笑就让他们笑好了，我不会在乎的。”果然，不管学校有什么活动，阿罗约都会积极参加；同学之间有什么聚会即便不邀请她，她也会主动前去庆贺。不仅如此，每一次募捐演讲，她总是第一个勇敢地走上讲台，用自己卓然傲立的姿态和精彩的演说震撼在场的所有人。

学校破例把去国外著名大学深造的机会留给了她。后来，这位身高仅1.5米的姑娘，凭借着自己果敢的勇气和冒险精神，在国家非常时期对政治、经济大胆提出了一揽子切实有效的改革建议，成为菲律宾人拥护的新经济模式的带头人。

父母要引导青春期孩子客观评价自己，认识到每个人都有自己的长处，以积极的态度看待自己，大胆说出“我能行”；同时让孩子认识到缺点也是帮助自己进步的机会，真正克服“我不行”的错误评价，充分挖掘自身潜力。科学、合理的评价有利于青春期孩子正确认识自己，树立敢于面对困难、战胜困难、取得胜利的信心。

父母要让青春期孩子解放思想，做法很简单，就是不跟别人做比较。比可以，但要比未来，而不要比当下，这才是正确的策略。很多时候，青春期孩子之所以自卑，就是因为总拿自己和别人比，而当他意识到自己本来就和别人不一样的时候，心态就会发生很大变化，自卑慢慢减少，自信随之增加。

当青春期孩子经历失败或者做错事时，父母千万不要打击孩子，否则他很可能会一蹶不振。应该让孩子明白失败并不可怕，重要的是要有一颗不被困难击败的心，并善于从失败中吸取教训，这样才能最终获得成功。

阅读小贴士：

孩子在成长的过程中，往往会经历三个叛逆期：

第一个叛逆期出现在2岁左右，称为“宝宝叛逆期”。孩子在2岁左右自我意识开始变得强烈，主要表现在语言上，凡事喜欢以“不”字开头。比如“不洗澡”“不睡觉”……当别人抢他的玩具时，他还有可能会以拳打脚踢来反抗。

第二个叛逆期出现在7岁左右，称为“儿童叛逆期”。孩子进入小学后，学会了更多的知识和生活经验，觉得自己已经长大了，极力想挣脱父母的掌控，于是就处处跟大人“唱反调”。

第三个叛逆期出现在12~18岁，也就是我们常说的“青春叛逆期”。这个时期孩子的身体开始逐步发育，思想和行为也开始趋于成熟，他们喜欢特立独行，突显个性，时不时会以“代沟”为由拒绝与父母沟通。

2. 不再忧郁，我要做回快乐的自己

生活中，很多父母认为内向的孩子性格孤僻、人际交往能力差，都希望自己的孩子活跃外向，在公开场合落落大方、侃侃而谈。这就使父母对孩子的内向感到忧心，尤其当孩子日渐长大，内向变得越发明显时。实际上，内向的人有一些外向者比较缺乏的优势，如思考敏锐而深入、注意力很集中、更善于倾听，更能理解、体谅他人的感受等，这些都是很重要的特质，只是因为主流社会比较重视外向的特质，忽略了内向的重要性与优势，这就使非外向的孩子容易怀疑自身的价值。

莉莉是一名刚升入初中的女生，性格本来就内向的她，到新学校后更安静了。在班上，她挑了最后一排的角落坐，也从不和同学一起聊天、玩闹。由于性格孤僻，她根本没有朋友，和男生更是没话说，总是默默地看着别的同学在一起开心地玩耍。有几个女生也试图找她玩，但每次都被她局促、敏感的样子吓跑了。日子一天天地过去，莉莉成了班级里的“特殊分子”，她自己也很苦恼为什么不能和同学们相处得融洽一些……

确实，对于性格内向的青春期孩子来说，最大的难题便是社交，他们在接触陌生人和陌生环境时会感到很不舒服，还会因此陷入焦虑。现实中像莉莉这样遭遇社交困扰的青春期孩子有很多。从儿童

时期进入青春期，随着生理的成熟，孩子会产生一些心理变化，比如变得敏感、情绪化，既想接近别人又封闭自己，对于性格本来就内向的孩子来说更是如此。

心理学家认为："青春期孩子的孤独是心理成熟的标志。它意味着一个人开始把自己的兴趣从对外界的关注中撤回来，回到自我，试图了解自己，并思考人生的价值和意义。这种自我内心体验是件好事，父母不用过于担心。"的确，青春期孩子有时需要独自一人，以便有时间和空间去思考一些问题。不过，任何一种情感体验过度都是不好的，对于内向的青春期孩子来说更是如此。因为内向会使孩子更加孤独，而患有孤独症的青春期孩子，很可能演变为只愿活在自己狭窄的心灵世界里，更有甚者会选择结束自己的生命。

苏珊·凯恩在《内向性格的竞争力》一书中写道，如果一个内向的孩子在成长的过程中，因为自己的性格问题，使父母经常向别人表达歉意，或被父母有意或无意地纠正，那么他就会对自己的性格感到自卑，不仅不会去寻找自己性格的优势，反而会因为让父母失望，痛恨自己为什么是这样的人。这种自卑会给他内心造成很多冲突，进而引发心理障碍，如社交恐惧症、焦虑症等。这是一个显而易见而又容易被父母忽视的道理：有问题的并不是孩子内向的性格，而是父母没有给予孩子足够的支持和肯定。

当青春期孩子不爱交流，不能很好地融入小集体时，父母切忌给孩子贴标签、下定义：这孩子内向、害羞、不合群！孩子本来不觉得自己有什么问题，但是经常被父母说"内向、不合群"后，孩子内心也会对自己充满怀疑和否定："原来我是个内向、不合群的孩子！"这对孩子的心理伤害是很大的。

一个妈妈每次带孩子出去遇见熟人时，都不会强迫孩子打招呼，而是自己模仿小孩子的腔调说一声："张阿姨好！""赵叔叔好！"时间一长，孩子耳濡目染，自然也跟着喊："张阿姨好！""赵叔叔好！"

由此可见，最好的处理方式，就是接受孩子的性格，给孩子一些示范，让孩子顺其自然地成长。

父母不要只盯着青春期孩子“不爱表达”“害羞”这些缺点，而要努力帮孩子建立起其他方面的特长。内向的孩子往往在不依赖团队配合的活动上很有天赋，比如书法、音乐、绘画等文娱活动，或者羽毛球、游泳等体育活动。孩子在自己的爱好上不断取得进步后，自信心会慢慢变强，与其他小伙伴交流起来也更有底气。

著名思想家培根曾说：“没有真挚朋友的人，是真正孤独的人。”青春期孩子虽然渴望有自己的“小世界”，但也希望自己身边有很多朋友。父母要多给内向的孩子创造接触社会的机会，让他多和同龄人交流，和同学、朋友一起分享忧愁与快乐，这样不但能开阔他的眼界，也会让他发现与人交往的好处。

另外，父母也要主动与青春期孩子做朋友，鼓励孩子说出内心的困惑，也许有些话在父母听来并不顺耳，但是也不要批评孩子，而应该积极与孩子讨论解决的办法。倾听、理解、支持能帮助每一个处在青春期的孩子成长。

阅读小贴士：

对于内向性格的青春期孩子来说，大声说话很容易让他们感觉自己是在挨批评，所以父母千万不要用高声调愤怒地对待他们，否则他们会立刻关闭房门，很多天不跟父母说话，而且以后出现类似的问题，也绝对不会和父母探讨。青春期孩子很敏感，也懂得保护自己，你伤害他们一次，他们就绝不给你机会伤害第二次。他们虽然内向，但他们同样很固执。他们会默默地坚持自己的主张，除非父母能说到他们的心坎上，他们才会打开心扉，否则他们可以长久地保持沉默。

3. 我不是胆小怯懦，只是害怕“出丑”

孩子进入青春期后，很多父母会感觉曾经活泼开朗的孩子不见了，变得胆小怯懦，总会把“我不行”“我怕”“我不够”等字眼挂在嘴边。

比如青春期之前，孩子爱说爱笑，活泼开朗，进入青春期以后，反而变得比较内向，有的孩子和别人说话就脸红，甚至一直低着头，不敢正视对方；有的孩子不敢表现自己，害怕自己做得不够好，遭别人嘲笑。

这些进入青春期后变得胆小的孩子不再有什么话就直接说出来，内心变得敏感、苦闷、压抑，他们更愿意把秘密留给自己，而这势必影响孩子的人际交往，而且学习成绩也会随之波动。最重要的是，如果孩子受到这种消极情绪的长期困扰，不仅会损伤正在发育的身体，而且对其心理的健康发展也将产生巨大危害。

心理咨询中常见因胆小怯懦而苦恼的青春期孩子：

“每次跟陌生人或异性同学说话，我总是面红耳赤，说话词不达意，感觉真的好丢人……”

“我特别害怕在路上遇见老师，害怕跟老师打招呼，有时远远看见老师，我宁愿绕道走；老师在课堂上提问，我虽然知道答案，却不敢回答，在公共场合也不敢发言。”

青春期孩子之所以胆小、怯懦，与生活圈子狭窄，父母教育方法不当、恐吓、限制过多有关。父母平时责备过多，也会让孩子不敢通过尝试和实践来获得知识，取得经验。尽管帮助青春期孩子克服胆小怯懦没有什么“灵丹妙药”，但从实际经验来看，减轻其程度还是有可能的。

首先，对于青春期孩子胆小、怯懦的表现，父母不要一味斥责，而应细心寻找其胆怯的根源——孩子究竟害怕和担心什么，为什么会担心和害怕？比如，孩子害怕在全班同学面前讲话，担心讲错遭到嘲笑，父母可以和孩子一起准备发言稿，然后给孩子当听众，让孩子多演练几遍，告诉孩子：“讲错也没有关系，犯错了，你才知道自己哪些方面还存在不足，才能进行纠正，取得进步。更何况，即使讲错了，只要你自己不在乎，别人根本不会记在心上。”还可以引导孩子回忆以前自己害怕的事情，这样孩子就会知道很多事情其实并不值得担心害怕。

如果青春期孩子不喜欢与人打招呼、不喜欢与人交往，父母应给予正确的引导，比如教孩子怎样问路、怎样买东西、怎样接电话。当孩子能够很好地使用礼貌用语的时候，通常会得到对方良好的回应，这会增强孩子与人交往的信心。当孩子不愿意参加活动、不愿意与人交往时，父母可以尝试和他一起活动，让他亲身体会到参与活动的快乐，培养他大胆参加活动的兴趣和自信。

不过，胆怯的青春期孩子常常会用虚拟的心理感受或幻想出来的情境来吓唬自己，比如上台演讲前、考试前，都是因为幻想出许多意外状况才产生胆怯心理，到真的上了台，反而没有那么紧张害怕了。所以，要想帮助孩子克服胆怯，最重要的是帮助他迈出第一步，让他发现全新的自己，从中找到自信。比如介绍孩子认识一位陌生的客人，为孩子报名参加一些兴趣竞赛……孩子会在锻炼中渐渐发现自己的优势，提升自己的能力，从而战胜胆怯心理。

父母要提醒孩子，当心里产生胆怯、恐惧、紧张时，千万不要把这种感觉藏在心里，可以向家人、朋友诉说当时的感受。当孩子说出了自己内心的感受，紧张情绪就会趋于平稳。

当然，青春期孩子也许不愿意当面与父母交流，对此，父母可以借鉴一位班主任写给一个胆小女孩的信：

“你是个性格很内向的女孩，在教室里，你很不显眼，话不多，也不爱追逐打闹。一年来，你作为班级的图书管理员，为班级做了很多工作。每次班级有打扫任务，都少不了你忙碌的身影，这些都说明你是个很懂事、有责任心的孩子。很喜欢你好好写字的样子，人漂亮，字也漂亮，但老师不是经常能看到，因为让大家去黑板展示粉笔字时，多数时候你都不举手。你为什么不大胆地展示自己呢？你的学习成绩早已引起了老师的关注，老师对你寄予了厚望。可惜的是，你上课不敢发言，也从不向老师提问，只是埋头苦学。现在你已经是一个大女孩了，不应该再那么胆小了，老师希望能在新的一年里看到一个奋进、争先的你。”

这位老师在信中提到了女孩的优点，也提到了她做事胆小的缺点，并鼓励她在新的一年更加努力，争取好的成绩。父母不妨借鉴此法，用孩子易于接受的方式指出孩子的不足，帮助他克服胆怯。

有的时候，对于胆小怯懦的青春期孩子，父母不用苦口婆心地讲道理，更不用时时催促他尝试、锻炼，只需当一个“懒家长”，或者给孩子制造一些“吃苦”的机会，孩子的坚韧性格自然会被塑造起来。

4. 如果可以，我宁愿永远不做选择

人生就是一个不断做选择的过程，从选择交往对象到投票选举，面临的几个选项总是让我们举棋不定，难以抉择，久而久之便形成了选择困难症。因为选择意味着减少了未来的可能性，限制了自己的自由。但是，迟迟不做出选择也会导致错失良机——不选择也是一种选择。

生活中，我们时常会听到有的孩子说：

“每次别人问我想去哪儿玩的时候，我都说：‘哪都行！’然而一旦别人定了地点，又不合我的心意。”

“做选择是我最讨厌的事情了！”

“我宁愿永远不做选择，因为我常常哪个都不想放弃。”

……

很多青春期孩子因为不懂得选择和放弃，在面对问题的时候，常常犹豫不决，甚至采取回避和逃走的态度。这恰恰是他们缺乏决断能力的表现。一个做事瞻前顾后、不够果断的孩子，常常会错失良机。

研究表明，较多进行自我选择或自我决定行动的孩子，在成长

的过程中会较少受到药物的诱惑或遭遇忧郁症的困扰。也就是说，自我决断力出众的孩子，他们的生活也比较成功。

原因在于，自我决断力强的孩子不仅能够进行正确的判断，而且为了实现自己预定的目标，能够准确分辨自己必须要做和不能做的事情。相反，如果孩子缺乏自我决断力，所做的事情不是出于内部动机，只是因为外力的强迫，那么他们就会承受较多的压力。为了摆脱巨大的压力，他们往往会借助各种药物，患上忧郁症的概率也更高。

所以，父母要注重培养青春期孩子的决断能力，让他遇事能够看准时机，及时做出选择。一旦发现问题，可以及时停止并进行修正。

一位妈妈分享了自己的经验：

“女儿以前做事总是犹豫不决，前几天学校开办了很多兴趣班，有美术、音乐、戏剧、主持人……我让女儿自己选择一两门感兴趣的课程，丰富一下课余生活。谁知她支支吾吾的，既不说自己喜欢哪个，也不表明自己的想法。看着她那犹豫不决的样子，我鼓励她说：‘这么多有趣的课程，肯定有你喜欢的，同时也有你擅长的。为什么不能自己选择一下呢?’女儿看了看我，说：‘我觉得都不错，都想报。’我说：‘宝贝，生活中有太多我们感兴趣的东西了，但是我们不可能全部拥有。人生总要有所抉择，我们需要做出取舍，留下对自己最重要的。’听了我的话，女儿若有所思地点了点头，第二天一早，她开心地跑来告诉我，她决定选择音乐课和戏剧课。”

一个人的个性在 18 岁后定型，以后就很不容易改变，如果在家庭里大大小小的事情一概由父母来做决定，孩子就会缺少自己做判断的机会，认为自己做的决定是不对的或者没用的。建议父母只要不是重大的决策，都可以由孩子自己决定，比如让孩子决定穿什么衣服、安排写作业的时间、布置自己的卧室、选择发型等。

当青春期孩子遇事犹豫，想要依赖他人的时候，父母不要急于给出答案，而要引导他说出自己的想法。即便他的看法很幼稚，也要对他的态度给予肯定，然后帮助他进行完善。

因为社会阅历浅，有时青春期孩子即使做出的决定很正确，一旦遭遇外界的阻挠，便很容易放弃。这时父母应该鼓励孩子坚持下去，这对孩子的成长、发展都是非常重要的。

阅读小贴士：

清华大学心理学系李虹教授的团队经过研究，发现放弃“最优解”的想法可以让人们快速而准确地做出决定。他们让参与者完成一项选课任务，并说明他们是否认为课程中有最好的一门，以及对选择是否后悔。结果表明，最优化决策者更倾向于相信选项中存在客观最好的一个，即最优解、正确答案，而这导致他们在决策过程中花费了更多的时间，也产生了更多的后悔情绪。但这一现象仅存在于各个选项势均力敌的情况下。

另一个实验发现，一旦选项中有一个占据绝对优势，人们往往能马上做出满意的决策。

所以，如果有最佳选择，就要马上做出决定；如果选项都差不多，则可以随性一些。不要过于纠结“最优解”，毕竟客观上“最优”的东西也不一定适合自己。

5. 缺少耐心，让我离成功总有一步之遥

“我的儿子 14 岁了，并不比别人的孩子差，但就是没有耐心，做事总是虎头蛇尾、半途而废。学习上如此，做别的事情也是三分钟热度。我总想纠正他，但他妈妈说，孩子还小，长大自然会好的。请问是这样吗？我是不是应该引导他？”

“我的孩子决心很强，开始时觉得想要做这件事，就一定要做得完美，可为什么他总是坚持不到最后？而且我觉得他很没有自己的想法，很容易受别人的观点影响。现在他想学点东西，如果再这样不能坚持下去的话，后果可想而知。哪位朋友能帮我想想办法？”

“不管做什么事情，我的孩子总是刚开始的时候很有劲，过了一段时间就不想做了。上英语辅导班、学口琴等，都半途而废。请问我怎样才能帮助他克服这个缺点？”

以上是一些青春期孩子父母的困扰。美国教育专家经过研究发现，决定孩子未来的，并不是智商，而是坚持。日常生活中，经常见到有的青春期孩子做事要么虎头蛇尾，要么半途而废，不能善始善终。一般来说，做事不能有头有尾的青春期孩子，往往心理比较脆弱，意志力较差，情绪不稳，注意力也不太集中和持久。从整体上看，这样的孩子缺乏自立的习惯，自理能力也差。他们做事很少成功，这样又会导致其遇事信心不足，甚至产生严重的自卑感，形成恶性循环。

从家庭教育的角度来看，产生这种现象的原因主要有以下四种：一是父母自身做事存在问题，影响了孩子习惯的养成；二是父母过于溺爱，常常代替孩子做事；三是孩子意志力差，一遇到困难就退缩，很难坚持；四是父母要求过高，脱离了孩子的实际能力，导致孩子畏惧困难。

青春期孩子若想把握住人生的航向，做自己的主人，必须具有坚持不懈的精神。在这方面，父母的榜样作用十分重要。父母是孩子的老师，一言一行、一举一动都会潜移默化地影响孩子。如果想让青春期孩子养成良好的做事习惯，父母必须以身作则，无论处理什么事情，都要认真、圆满地完成，做孩子的表率。比如坚持锻炼身体、坚持阅读、坚持在家做饭，这些生活的小细节可以让孩子知道父母坚持性很强，同时努力向父母看齐。和孩子聊天时，父母还可以讲讲自己在工作中怎样不屈不挠，让孩子知道父母做事能坚持，那么他也不能放弃。

同时，父母应该适当降低对孩子的要求。如果父母要求太高，孩子的实际能力无法达到，受挫感会让他不敢尝试，无法坚持下去。父母可以试着把任务分解成一个个更小的步骤，或者做一个进度图表等，让孩子直观地看到自己每天或每次的进步和成果。久而久之，孩子就能逐步学会控制、约束自己的行为，去完整地做好每一件事。值得注意的是，父母要把焦点放在尝试的过程和孩子付出的努力上，不要过分强求得到一个圆满的结果。

青春期孩子在做事时，父母可以给予指导和提示，这不是代替而是启发孩子想办法，以防孩子碰到解决不了的问题便灰心丧气。当孩子想不出办法又不愿去想，有偷懒或依赖父母的迹象时，父母不可给予帮助，而应说服鼓励，必要时给予批评并监督孩子独立完成某件事。长期坚持下去，孩子的能力提高了，习惯养成了，做事就不会再半途而废了。有的父母兴之所至，要求孩子完成某件事情，起初还能坚持督促孩子去做，一段时间后当孩子不肯做时又轻率迁就，这种做法很不可取。

对青春期孩子来说，有些事情常常是开始时比较顺利，做得很好，但后来遇到困难了，可能就很难达到预期的目标。在这种情况下，父母要提醒孩子不要轻易放弃、半途而废。一方面，坚持的过程也许能够使事情朝着好的方向发展；另一方面，即使结果仍不理想，努力把这件事做完依然是一种成功，更为重要的是，孩子的意志也能在这个过程中得到磨炼。

如果孩子做事中途退缩，父母切忌唠叨个不停，或者张口就骂、动手就打，更不要挖苦讽刺，以免孩子产生逆反心理，或者伤害孩子的自尊心。正确的做法是：细心观察，对于孩子取得的进步及时予以鼓励和表扬，对于出现的困难及时伸出援手，对于孩子产生的烦躁情绪及时给予开导、安抚，使孩子产生愉悦感和自信心，从而树立坚持到底的决心。

阅读小贴士：

英国神经学家丹尼尔·列维亭（Daniel Levitin）认为，人类的大脑确实需要一定的时间去理解、吸收一种知识或者技能，然后才能达到大师级的水平。顶尖的运动员、音乐家、棋手，需要花一万小时，才能让一项技艺达到完美境界。这被称为“一万小时定律”，也就是说，如果你希望在某一领域成为专家，至少要在这个领域花上一万小时。比如，10年内每周练习20个小时，大概每天3个小时。每天3个小时只是个平均数，在实际练习的过程中，花费的时间可能不同。

20世纪90年代初，瑞典心理学家安德斯·埃里克森也在柏林音乐学院做了一个调查，结果显示，学小提琴的大概从5岁开始练习，起初每个人都是每周练习两三个小时，但从8岁起，那些最优秀的学生练习时间最长，9岁时每周6个小时，12岁时每周8个小时，14岁时每周16个小时，直到20岁时每周30多小时，共一万小时。

6. 不再沉默，有话我要大声说出来

古人云：三寸不烂之舌，强于百万之师。在经济全球化的21世纪，人际交往日益频繁，良好的语言表达能力在日常生活和工作中都很重要。卡耐基说："现代成功人士都是一根舌头打天下。"由此可见，语言表达能力是人们必须具备的一种生存能力。在实际生活中，表达能力不错的青春期孩子相比同龄人，会更有自信，更有安全感，也更容易崭露头角。

杨海清是一个中学老师，带现在这个班级已经两年了，她发现班上很多学生不像刚上初一时那样对班级或学习充满热情。在不久前进行的班干部选举中，只有个别女生愿意站上讲台演讲，表达自己的想法。上课的时候，学生们也很少主动举手回答问题。这让她想起自己的女儿上初中时也遇到过同样的问题。

那时，女儿从来不向杨海清表达自己的想法，上课也不主动回答问题，即使老师叫她起来回答问题，她也说得结结巴巴，很不流畅，而且非常紧张。杨海清意识到这样下去可不行，于是找女儿长谈了一次，对她说，像她这么大的孩子，现在应该是主动表达自己想法的最佳时期。谈话之后，杨海清在很多事情上都会征求女儿的意见，而且从不轻易对女儿的想法进行批评，如果觉得女儿的想法

不好，她就用另一种思路引导女儿。渐渐地，女儿变得开朗起来，也愿意与别人分享自己的想法了。

表达能力不好的青春期孩子，在学习方面可能会因为表达能力弱而不敢提问，倾向于接受单方面的信息，因而学习成效比较差，而在心理发展上也容易因表达能力差而缺乏信心，不敢表达自己的意见和想法，情绪容易遭受挫折；在人际互动方面，则可能不善于结交朋友，在团体中不易崭露头角，一般属于追随者的角色。因此，父母千万别小看青春期孩子语言表达的重要性。

孩子学习语言的基础是模仿，因此，父母首先要多跟孩子说话，让他熟悉语言，对语言保持高度的敏感，这是锻炼青春期孩子口头表达能力的基本步骤。平时父母还要多读书，多和人交流，尤其是和那些有智慧、有思想、语言表达能力强的人交流，这样孩子也会受到感染，在语言表达上变得更有思想、更有文采。当孩子清楚、利索地表达时，父母要注意倾听并对其表示关注，帮助孩子树立信心，这样才能在日常交流中提高其表达能力。

当然，口头表达能力不是一种孤立的能力，而是综合能力，包括思维逻辑、语言组织能力、知识面、反应能力、表情和肢体语言技巧等。所以，提高孩子的语言表达能力应该从提高综合素质入手，侧重于口头表达技巧。父母要扩大青春期孩子的视野，完善他的知识结构，让他做到言之有物而不是无聊的贫嘴，比如多看书，去博物馆、旅游，或看科教节目。在这个过程中，父母可以对孩子多提问题，孩子会在头脑中形成自己的想法并回答父母，这对语言发展有很大的促进作用。

父母还必须让孩子多讲多练，包括复述听过的故事、讲述图书的内容、自己编故事、在日常生活中与别人交谈等。让孩子根据自己的认识、掌握的词汇和语法，创造性地组织语言。

当孩子不知道怎样把事情讲清楚，或是不知道怎样把内心的想法和意见清楚明白地表达出来时，父母可以教给他一些表达方法和技巧，并在日常生活中注意训练其表达能力。比如，当孩子词不达意时，父母应耐心倾听，然后说："我听得不是很明白，你是不是想说……"在父母的引导下，孩子可以重新表述一遍，无形中学习倾听、表达的技巧。长期坚持下去，既能够提高孩子的表达能力，又能够起到良好的沟通效果，增进亲子感情。

另外，在生活中，父母可以随时创设情境来鼓励孩子多表达，比如"你看的电影讲了什么？能给我讲讲吗？""假如你是老师，你怎么教育这个同学？"让孩子学会组织语言，把多种信息完整地表达出来，做到口齿清晰、用词准确、富于表现力。

当孩子提出了对一件事的想法时，不管孩子的想法正确与否，结果怎样，父母都不要抹杀孩子的积极性，因为这是孩子在表达自己的意见，重要的是让他"说出来"，而不要在乎他说得"对不对"。

语言表达能力的培养不是一朝一夕就能解决的事情，父母需要学会平等地与孩子进行沟通，鼓励孩子在公共场合勇敢地表达和交流，支持孩子主动化解人际交往中的矛盾和冲突，帮助孩子在沟通中获得乐趣并建立自信。

阅读小贴士：

研究结果显示，口语表达能力完整的孩子，不仅在数理、读写上有突出的表现，而且更勇于扮演领导的角色，因此在职场上担任要职的概率也会更高。

7. 敢做敢当，我决不做“怂孩”

经常有人说：“现在的孩子真是一代不如一代，一点责任心也没有。”责任心其实是一个关乎选择的问题。有些青春期孩子可能并不是真的没有责任感，只是不知道应该怎么做。所以，对于这些说法，父母应该两面看待，要分清形成责任感的主客观因素。责任感不是单纯在嘴上说说就能形成的，它需要建立在家庭生活、人际交往和社会活动的基础上，在多种主客观因素的共同协作下慢慢形成。其中，主观因素是指孩子的身心发展、认知水平，客观因素则包括家庭、学校、父母、师长、朋友的言传身教和大众媒体的影响。

周六上午，小雪和妈妈一起去超市购物，她一进超市就十分兴奋，东摸摸西看看，选了一些自己喜欢的零食。妈妈也跟在她后面选了一些购物清单上的日用品。

过了一会儿，母女俩来到干货区打算买点鸡蛋，小雪拿起一枚鸡蛋正要放进塑料袋里，结果不小心把鸡蛋摔到了地上。周围的人都在忙着，没有人看见这一幕。小雪转身想要离开，装作跟自己无关。这时，妈妈主动走到超市服务员面前，说：“不好意思，我打碎了一枚鸡蛋，我可以把这枚鸡蛋买下来。”小雪一听顿时脸红了。这件事让小雪意识到，承认错误并没有那么难，而且承认错误、负起责任，远比掩盖错误令人舒服得多。

青春期孩子缺少“敢作敢当”的精神，与其自我意识的快速膨胀不无关系。进入青春期后，孩子开始产生一种想要掌控世界的愿望和冲动，觉得自己的力量很强大，自己是优秀的。因此，他们喜欢包揽很多事情，但由于他们还缺乏经验，做出错误的判断在所难免。这时，他们要强的一面就会表现出来，会下意识地否认自己的错误。

青春期孩子习惯性地逃避责任虽然可以理解，却不能纵容。父母应该从小教育孩子，勇于承担责任是一种责任心的表现，同时也是一种优秀的道德品质。

中国有句古话叫“一人做事一人当”，当青春期孩子损害了别人的利益时，让他向别人道歉并赔偿损失，不仅是为了赢得别人的原谅，也是为了让孩子懂得为自己的言行负责，这对增强孩子的自律精神，以便将来独立地承担人生责任很有好处。

培养责任意识，需要通过青春期孩子自身的实践去体验，从点点滴滴的小事做起。相对来说，孩子比成人更“犯得起错”，因此不妨给青春期孩子“犯错”的机会。比如，不要越俎代庖替孩子整理书包，让他知道忘记带课本和纸笔会有什么后果；不要每一次都帮孩子检查作业，让他尝尝挨批评的滋味……当然，孩子受挫后，要及时给予必要的指导和鼓励。

最重要的是，父母要指导青春期孩子认清犯错的原因，鼓励他勇敢地承担责任。企图替孩子承担起所有的责任，其实是对孩子的不负责任；让孩子对自己的行为负责，才是真正地爱孩子。当孩子有清醒的责任意识并决定对自己的行为负责时，他行事会更加慎重，避免给别人制造麻烦，这也等于让自己和家庭远离麻烦。

随着青春期孩子渐渐长大，父母要引导孩子学会用自己的眼睛观察周围的事物，思考遇到的问题，给予孩子相应的自主权，同时增加孩子对家庭、对社会的义务和责任。要让孩子知道，作为一名家庭成员，他和父母一样有责任和义务分担家庭的所有事务和困难，自己的事情尽量自己做，比如整理自己的房间、衣物、书籍等，还要打扫房间、帮忙做饭、照顾宠物等。父母还要教育孩子遵守社会公德和秩序，鼓励孩子参加各种有益的志愿工作、义务募捐活动等，为更广泛的社会团体做出贡献，开拓和提升孩子的思想境界。

8. 挫折，感谢你让我学会了坚强

现在的青春期孩子，生活舒适幸福，很少遇到来自生活方面的困难和挫折。人们在称赞他们智力发达、信息面广、见识丰富的同时，又明显地感受到他们在心理及行为上存在令人担忧的缺陷：一方面摆脱不了“以自我为中心”的思想，另一方面又具有严重的依赖性，尤其是耐挫折能力差，既经不起一点困难和挫折的打击，更缺乏克服困难和挫折的能力和方法。他们就像温室里的花朵，娇嫩、脆弱，经受不起风吹雨打。

法国作家巴尔扎克说：“挫折就像一块石头，对弱者来说是绊脚石，让你却步不前；而对强者来说却是垫脚石，使你站得更高。”真正的强者不会在挫折中沉沦，也不会在失败面前低头，而是在困境中寻找希望，把挫折和失败踩在脚下。

对于孩子来说，在青春期遇到一些挫折是很有好处的。从小就知道什么叫“失败”，长大之后便能正确地看待失败；从小就在困难中摸爬滚打，长大之后才不会惧怕困难；从小便与挫折“较量”，不管结果如何，长大之后思维会更活跃、应变会更灵活、行动会更敏捷……

上中学后，廖威迷上了打羽毛球，技术也还可以，这让他感到十分得意，经常吹嘘自己在学校没有对手。爸爸听到他自吹自擂，心想，如果不杀杀他的锐气，他可能会骄傲起来。一天廖威放学回家后，爸爸对他说："咱们来进行一场羽毛球比赛吧！妈妈在一旁负责当裁判。"比赛开始后，爸爸轻而易举地赢了两局。廖威眼看败局已定，心里有些急了，时不时地使坏犯规，好不容易扳回一局，但最终还是输了。

当妈妈宣布爸爸取胜时，廖威很不高兴地把球拍扔在地上，坐在那里生闷气，抹眼泪。爸爸见状，走过来摸摸他的头说："爸爸虽然赢了，但是你敢于和大人争胜负，即使输了也输得光荣啊！你既然敢于和爸爸比赛，为什么不敢继续挑战爸爸呢？其实跟比你厉害的人过招，有利于锻炼你的技艺，难道你不想成为真正的高手吗？"

廖威沉默了一会儿，终于想明白了，他对爸爸说："那么，爸爸，你接受我的挑战吗？"

爸爸笑着说："当然，尽管放马过来吧！"

廖威大声地说："好，接招吧，过不了多久，我就会超过你的。"

在接下来的日子里，廖威放学后就在学校里练习打羽毛球，回家也经常找爸爸比试，当然，他还是会输，但他的心理承受能力也在不断增强，已经能够静下心来总结经验、分析自己的不足了。他的打球技术越来越好，后来还在当地中学羽毛球联赛中得了奖。

在成长的道路上，青春期孩子不但要能面对鲜花和掌声，还要学会从容面对来自生活、学习中的挫折和打击，并不断想办法克服。无论面对多大的困难，只要孩子有越压越强的精神，就一定能够从困境中挣脱出来，实现预定的目标。

现实中，很多学习成绩优秀的青春期孩子上进心、好胜心都很强，一旦遭遇失败，很容易因产生挫折感而一蹶不振。在很大程度上，这与父母的教育方式有关。

有的父母努力为孩子打造宽松、舒适的生活和学习环境，但这种做法容易给孩子造成一种更大的、无形的压力，导致孩子因精神过度紧张而屡屡受挫。而父母往往因为孩子学习成绩好而忽略了孩子的心理成长，实际上，孩子内心的能量并没有那么强，但是父母无形中施加的目标却很大，使孩子面对竞争表现得异常紧张，因为他们想利用这些来证明自己的能力。还有一种父母，对孩子要求十分严格，不允许孩子犯丝毫错误，不允许孩子失败，希望孩子在成长的道路上少走弯路或者不走弯路。每当孩子做出一个决定，而父母认为这个决定注定要失败时，就忍不住出来阻止孩子，或者代替孩子去做。然而，人生不可能一帆风顺，只有经历了挫折与磨难的考验，孩子才能真正地成长。

因此，父母要改变自己的教育态度和方法，让青春期孩子明白，失败也是一种宝贵的人生经历，做人必须经得起失败。

父母首先要做的是让青春期孩子走出爱的保护圈，凡是孩子能做的事情就让孩子自己去做、去解决，父母不要插手帮忙，企图扫清孩子成长道路上的困难和障碍，而要让孩子学会独自面对生活中的一切。德国著名教育家舒马赫曾说："给孩子多多提供尝试机会，也是实施挫折教育的有机组成部分。孩子一旦被剥夺了尝试的机会，也就等于被剥夺了犯错误和改正错误的机会，因此也不可能迈向成功之路。"在给青春期孩子创造挫折教育的机会时，父母要注意在利用自然情境进行挫折教育的同时，在平时的学习和生活中有意识地给孩子设置一些障碍，以此培养孩子的抗挫折能力。

随着青春期孩子经验的增长和能力的提高，其抗挫折能力也会随之增强。父母要注意扩大孩子的知识面，增长孩子的见识，比如让孩子多读一些名人传记。名人传记读多了，孩子会明白人生就是不断战胜困难、战胜挫折的过程。和伟人比起来，我们遇到的困难和挫折实在算不了什么。伟人是在大海里与大风大浪搏斗，而我们的挫折则像是在公园里划船时遇到一点小风浪而已。

适当地给予批评，让孩子尝一尝失败的滋味，也是培养青春期孩子抗挫折能力的一个好方法。在游戏活动中，不必让孩子次次都做主角，也应该当一当配角；在竞赛活动中，不必想方设法让孩子取得胜利，偶尔也要让孩子尝一尝失败的滋味，知道成功是要靠努力去争取的。

父母还可以利用社会和自然环境锻炼青春期孩子的抗挫折能力。比如在暑假鼓励孩子参加夏令营，把孩子送到荒岛、森林里进行生存锻炼，让孩子学会自己照顾自己，应对各种突发情况，培养勇敢、顽强的精神品质。

第四章　春情萌动的季节

——避不开的敏感话题

青春期孩子对异性产生爱慕之情，是成长过程中必然要经历的阶段，也是生理与心理成熟的标志。当孩子对异性产生爱慕之情时，父母不必过于惊慌，而要保持理性、包容的心态，引导孩子专注于学业，与对方建立一种相互帮助、相互鼓励、相互成就的纯洁友谊，从而让双方更加优秀。

1. 收到他（她）的小纸条，我心里怦怦直跳

现实中，情书恐怕是很多青春期孩子表达爱意的方式。一般来说，男生比较少收到女孩的情书，但也不是说完全不可能。长相帅气、成绩优异的男孩，也会受到女孩的追捧，收到女孩写来的情书。

面对异性的追求，青春期孩子在欣喜的同时也难免会有些苦恼，苦恼的根源在于他们既想拒绝别人的表白，但又害怕伤了对方的心。尤其当对方与自己有着深厚的友谊时，苦恼的程度会更深一些，因为一旦拒绝对方，友谊很可能会随着一句“对不起”而消逝。

从初中升入高中后，面对新的环境、新的同学和老师，曼莉有点兴奋。她的同桌陈震是一个阳光帅气的男生，待人彬彬有礼，而且成绩不错。曼莉对他颇有好感。每次在学习上遇到困难，她都会请教陈震，而陈震也很有耐心地帮助她，两人关系十分融洽。

这天上午上课时，曼莉和往常一样打开课本，突然，一张小卡片滑了出来，上面写着：“曼莉，做我的女朋友吧！”落款是“震”。曼莉顿时脸涨得通红，那熟悉的字迹显然是出自陈震。她低着头不敢看陈震，心里十分为难，她知道自己不能答应，但是又怕伤害了陈震，这个男孩确实很不错，她内心其实挺喜欢的，到底该怎么办呢？

这样的事情不少青春期孩子都遇到过，但如何应对因人而异：

有的孩子如临大敌，选择告诉老师，让老师严厉批评莽撞的对方；有的孩子则暗自窃喜，顺势坠入情网；有的孩子则故作若无其事，采取冷处理……

其实，青春期收到小纸条并非绝对的坏事，收到过情书的孩子反而会更有自信。心理学家认为，孩子进入青春期主要有三个明显特征：一是对异性好奇；二是开始反抗；三是对未来充满丰富的想象。这些都是正常的现象，相反，如果孩子没有出现这些特征，父母要反思自己的教育方式是否出了问题。

所以，当父母发现青春期孩子收到了情书，不要慌张，而要带着赞赏的态度去引导孩子，让他（她）理智、圆满地处理好情感问题，同时激发他（她）的自信心，引导他（她）不断完善自身。

首先让孩子不要轻易嘲讽、训斥、谩骂对方，或报告老师、在同学中公开，令对方难堪。这样做是不理智、不文明、缺乏修养、不尊重人的表现。对方写信、递纸条大多是一种试探，孩子可以不当回事，照旧与对方正常交往，既不过于疏远、回避，也不过于热情、亲近。这样做既不伤害对方，也可以让对方知道这只是其一厢情愿，顺便给对方一个台阶下。

在处理时，应该考虑双方平时的关系和对方的性格，或冷处理，或面谈，或写信等，劝对方放弃这种想法，抓紧宝贵的时光认真学习。如果对方不死心，仍穷追不舍，可以引导自己的孩子采取“冷冻”的处理方式。“冷冻”并不等于强行拒绝。它既可给对方传达一种不想早恋的坚决态度，又是对这份纯真感情的保留，当有一天彼此的条件成熟，这段感情还可以重新开始。

拒绝多少会造成伤害，但也不能因此而犹豫不决，否则会造成不必要的误会。青春期孩子非常敏感，所以不要给他（她）任何错觉，要让他（她）知难而退。只要孩子态度坚决、明确，对方一般会主动放弃。建议不要采取托人转告的方式，也不要在公共场合拒绝对方，这样显得不够尊重，还有可能带来不必要的麻烦。

如果对方道德品质好、情真意切，孩子想要维持双方的友谊，那么可以告诉对方，拒绝他（她）并不是因为他（她）不够好，而是因为自己的个人原因。比如，可以先从对方的人品、才华等说起，对其加以赞许，然后说明自己不能接受交往的理由，最好从对方的角度出发，提出有利的方面，让对方觉得拒绝也是为了他（她）好。

有时孩子可能会遇到无理纠缠或以死相威胁的异性，这时父母要挺身而出，帮助孩子拒绝对方。还可以把事情告诉老师，让老师帮忙做思想工作。

阅读小贴士：

就青春期而言，一般认为，从性意识的萌芽到爱情的产生与发展，大概可以分为三个阶段：

1. 异性疏远期。即使原来经常在一起的异性同学或邻居也变得疏远起来，其中以初中生表现得较为明显。这种现象有两种变异形式：一种是厌恶同龄的异性，在学校里男女同学互相攻击指责；另一种是喜欢接近年龄很大的异性，似乎是一种代偿。

2. 异性接近期。对异性怀有好感甚至欣赏，愿意与对方接近，喜欢在异性面前表现自己，女孩子会特别注意打扮。这一阶段因为过分的害羞，暂时不会出现男女个别接触。

3. 两性恋爱期。恋爱期的显著标志是爱情集中于一个异性，对其他异性的关注明显减少，喜欢与自己选择的对象单独相处而不大愿意参加集体活动，经常陷入结婚的幻想之中。这是青春期性意识相对成熟的阶段，也是青春期性意识发展的必然结果。

2. 挥之不去的单相思，让我整天患得患失

青春期孩子对异性产生爱慕之情，是成长过程中必然要经历的一个阶段，也是其生理与心理成熟的标志。所以，青春期出现单相思是一种正常现象，不能简单地以好与坏、善与恶来进行评价。

一般而言，当青春期孩子出现单相思现象时，往往会随着学业和生活中其他因素的干扰、影响，渐渐无疾而终。当然，也有一部分孩子由于缺乏与他人的交流，对自己身上的单相思现象“严重”到什么程度无法做出准确的判断。他们渴望得到对方的回应，在这种具有弥散作用的心理支配下，常常会把对方的和蔼亲切、热情大方当作爱的回应，从而陷入单恋的深渊不能自拔。

为了引导青春期孩子走出单相思的误区，父母首先要尊重孩子的情感，千万不要对孩子的感情嗤之以鼻，只有在尊重的前提下进行沟通和引导，才不会招致孩子的反感和排斥，否则不仅达不到目的，反而会影响孩子对父母的信任。与孩子沟通的时候，要多听听孩子的想法和理由，不要轻易否定和批评。多花些时间和孩子在一起，了解孩子的想法和当前的状态，会使孩子更愿意向父母倾诉，并倾听父母的意见。

父母要让孩子明白，爱情并不是生活的全部，青春期的生理和

心理均未发育成熟，应该做适合自己年龄的事情。父母可以帮助孩子进行生涯规划，树立远大的理想和适当的生活目标，在青春期努力学习，使自己的身心健康发展，在这黄金般的年华，应该充实自己，发挥自己的潜能。

相对来说，性格内向的青春期孩子比较容易出现“单相思”的情况，父母应引导孩子进行心理调节，比如鼓励他多参加集体活动，开阔自己的眼界，提高自己的人际交往能力。在广泛与同龄人交往后，孩子可能会惊讶地发现，自己所暗恋的对象也有不如别人的地方，从而改变孩子“情人眼里出西施”的心态，淡化对意中人的灼热思念。另外，父母可以建议孩子自然大方地与暗恋对象接触，消除其“神秘感”，在接触的过程中，经过客观全面的评价，孩子那种痴迷的“幻想”会渐渐消失。

这年暑假，小蕾成绩下降了不说，回家也不爱搭理人，总是把自己关在房间里。妈妈担心她早恋了，就找来和小蕾关系很好的表姐，询问发生了什么事。原来，小蕾果真早恋了，不过是暗恋，对方并不知道。那个男孩是妈妈的同事的儿子，学习很优秀，但是脾气不太好，喜欢对父母发脾气。后来，妈妈抓住机会，比如在看电视或讨论问题时，旁敲侧击地对小蕾说：“有些人在不了解的情况下，我们无法知道他的真实本性，比如某明星……”一有机会，妈妈还带小蕾去同事家里串门，那个男孩好几次发脾气都被小蕾看到了……渐渐地，小蕾解开了自己的心结，学习成绩又慢慢提高了。

有的青春期孩子陷入单相思后，无心学习，生活也没有了规律，甚至产生了一些不良的行为或欲望。对此，父母要鼓励孩子多参加课外活动，比如看电影、外出旅游等，将孩子的注意力转移到其他事情上，从而消除单相思的烦恼。

父母还可以引导孩子多读书，增长见识，加深对爱情的理解。书籍对青少年的影响很大，甚至可以改变他们的人生观、爱情观。父母可以推荐孩子阅读一些积极向上的励志读物或世界名著，如《简·爱》，孩子通过读书，会渐渐明白爱情的真谛，从而走出自己的感情误区。

如果单相思严重到无法控制，已经成为孩子的心理障碍，父母可以向心理医生、心理辅导老师、知心朋友寻求帮助。

阅读小贴士：

处于青春发育期的男孩，由于雄性激素的作用，一般会出现喉结不同程度地向前凸出的现象，从外表上看，就好像咽喉处长出了一个“大疙瘩”。

为什么青春期的男孩会长出这个“大疙瘩”呢？生理研究表明，人的喉结是由11块软骨做支架组成的，其中最主要也是最大的软骨是甲状软骨。一般情况下，喉软骨的发育始于胎儿2个月时，直到出生后5~6年，每年都在增长。从五六岁直至青春期这段时期，内喉软骨生长基本完成。在这一时期内，男孩和女孩的甲状软骨都一样。发生不同的现象是在进入青春发育期以后，由于雄性激素分泌的增加，男性出现了凸起的喉结。

男孩进入青春期后，男性雄性激素的分泌增加，两侧甲状软骨板的前角上端迅速增大，并向前凸出形成喉结。同时喉腔也明显增大，几乎是新生儿的6倍。这使男孩原先清脆的童声变成了低沉而粗壮的成人声音。男孩的这个性征是由睾丸分泌的雄性激素睾酮所促成的。男孩到了十几岁时喉结凸出，是生理健康的表现，完全没有必要因此感到不自在。

3. 不必大惊小怪，我和他（她）只是同学关系

现在的孩子，生活条件好，性成熟提前，接受各种信息的渠道也多，难免会出现青春期异性交往过密的情况，甚至发展为早恋，因此，父母的谨慎是必要的；但父母同时也应该明白，处于青春期的孩子，渴望与他人交流心里的感受，渴望他人尤其是异性的关注和认同。他们渴望友谊就像植物需要阳光一样，不仅需要有同性、同龄、具有共同爱好的朋友，还渴望结交异性朋友。实际上，异性之间的交往对青春期孩子有着积极的意义：

一是兴趣爱好可以互补。一般来说，青春期男孩和女孩的爱好截然不同。男孩喜欢玩机器人，喜欢出去疯玩，喜欢玩电脑游戏，而女孩喜欢装扮自己，喜欢唱歌跳舞……当男孩和女孩接触后，可以开阔自己的眼界，打开世界的另一扇窗户，通过各自熟悉的领域互相学习。

二是性格可以互补。不管多外向的女孩，都会有多愁善感的一面，如果和男孩在一起玩，多少可以弥补一下女孩的柔弱性格；而男孩一般性格比较毛躁，没有耐心，和女孩在一起，可以学习女孩的耐心和细心。同时，男孩的动手能力一般比女孩要强一些，所以，当他们在一起的时候，男孩往往显得成熟稳重，会自告奋勇地完成

一些体力活，而女孩也会展现出自己美丽的一面，更加温柔和细腻。

三是学习效果更好。女孩可能语言发展会早一些，男孩则运动神经发展要好一些；女孩比较感性，擅长文科，男孩则比较理性，对理工类课程更有兴趣。所以，当他们在一起学习的时候，可以互相帮助、取长补短。

由上可知，异性交往是青春期孩子成长的需要，如果父母刻意制造人际交往的断层，看似阻止了早恋的发生，却影响了孩子的人际交往能力。现在就有这样一类“双面人”，他们在网络世界里开朗大方，善于与人相处，但在现实生活中却十分木讷，对异性交往过于敏感，不敢与异性交流。随着孩子逐渐长大，小时候被刻意制造断层的劣势，等到孩子步入大学、社会以后就会逐渐体现出来。

所以，对于父母来说，唯一可行的方法是给青春期孩子必要的指导和点拨，避免男女生之间“老死不相往来”的现象出现，同时也要防止早恋发生，帮助孩子安全度过青春期。

下面是一位妈妈的经验：

“女儿上高中时，不少同学有了早恋倾向，很多孩子受到影响，成绩下降；不过，女儿并没有出现早恋的情况，这与我们平时的做法有关。女儿的性格一直大大咧咧，有很多好朋友，其中不乏异性朋友。她16岁生日时，我们为她举办了生日会，不管是同性朋友还是异性朋友，都邀请了。那几个男孩都很优秀，还与我先生打成一片。生日会后，女儿的朋友都说我们很开明，非常喜欢来我家玩。在这种氛围下，女儿对异性一点也不好奇，与他们保持着普通朋友的关系。高考时，女儿发挥得不错，顺利考进了重点大学。”

由此可见，父母应该创设宽松的环境，培养孩子与异性交往的能力，走出早恋的误区。

首先对孩子进行理想前途教育。青春期孩子处于求知的黄金时期，是智力发展的高峰期，要珍惜宝贵的时光。父母应该帮助孩子树立正确的人生观、世界观，确定崇高而远大的目标，避免浪费时间和精力。这是防止青春期孩子早恋的有效方法。

然后是充实孩子的学习和生活内容。可以在家里开展形式多样的学习和娱乐活动，丰富孩子的生活。同时，父母要以身作则，做好榜样，因为父母的行为习惯对孩子的影响很大，父母的行为无论好坏，很容易让青春期孩子因为好奇而模仿。

如果孩子的异性朋友到家里来玩，父母应该热情接待，珍视孩子们之间的友谊。同时鼓励孩子积极参加群体活动，如郊游、外出参观、文体比赛、义务劳动等集体活动，拓宽友谊的范围。

另外还要教育孩子与异性交往时注意保持距离，说话、做事要留有余地，不能毫无顾忌。比如，在交往中尽量不涉及两性之间的敏感话题；身体接触要把握好分寸，不能过于轻浮，也不要过分拘谨；如果是正常的男女同学之间的友谊，要注意把握好交往的距离和程度，否则陷入过深容易发展为早恋，超越正常异性交往的界限。

尤其是从女孩与男孩交往的角度，一定要提醒孩子在保证自己安全的前提下，与异性正常交往，告诉她有些事情在这个年龄是不能做的，要对自己负责。

阅读小贴士：

青春期孩子早恋的征状如下：

1. 变得特别爱打扮，注意修饰自己，经常对着镜子左顾右盼。
2. 成绩突然下降，上课注意力不集中。
3. 原本活泼好动，突然变得沉默起来，不愿和父母多说话。
4. 放学回家便躲在房间里，或在一边想心事，时常走神发呆。

5. 突然喜欢谈论男女之间的事情。

6. 在家坐不住，经常找借口外出，瞒着父母去公园、网吧等场所，有时还会说谎。

7. 情绪起伏大，时而兴奋，时而忧郁，时而烦躁不安，做事没有耐心。

8. 突然对描写爱情的文艺作品、电影、电视感兴趣。

9. 背着父母偷偷写信，写日记，看见别人过来就赶忙掩饰。

4. 对性知识感兴趣，我是不是变成了坏孩子

一直以来，中国的性教育都处于封闭或半封闭状态，父母、老师一般采取堵而不是疏，防而不是导，躲而不是教的方式，来处理孩子遇到的性方面的问题。这样做往往会导致青春期孩子性犯罪、发生不健康性行为及诸多社会问题。

青春期的孩子还没有形成正确的人生观、世界观，分辨事物的能力有限，这时就需要父母通过正常的渠道让他们学习了解性知识，加强自身防范，以免受到性伤害。如果父母含糊其词，躲躲闪闪，不敢正视，自然无法心平气和地与孩子谈论性知识。

李同的儿子刚上初中，有一次给儿子收拾房间，他无意间发现儿子的枕头底下藏了一本成人杂志，而且杂志的封面是一个穿着暴露的美女。这时，李同才察觉儿子已经悄悄地步入了青春期。

为了防止儿子因为对性的好奇而犯错，李同准备了一个带锁的笔记本，并在第一页写上："儿子，将那些令你困惑的青春期问题写出来，不要把它们藏在你的心里。如果你需要找爸爸咨询，可以随时写出来，我会认真对待你的问题，不会对你有不好的看法。我很理解你的困惑，因为我和你一样，曾经是青春期孩子。"

对父母来说，和青春期孩子谈性的问题，性知识不一定要很丰

富，关键在于父母对于性的态度和观念，也就是如何将自己知道的性知识和经验科学理性地告诉孩子。所以，在对孩子进行性教育之前，父母首先要有纯正的思想，然后才能帮助孩子树立纯正的观念，为孩子提供适当的性教育，使孩子在很自然的情况下了解性知识。

如果父母对这个话题感到尴尬，不妨先读一些相关的书籍，或者和自己信赖的朋友谈一谈。当父母对性了解得越多，就会越自信自己能够谈论这个话题。即使父母不能摆脱窘迫心理或没有足够的性知识，也应该坦然与孩子交流。对于孩子好奇的一些常规问题，既要如实相告，又不能解释得过于复杂，否则只会让孩子感到更加困惑。比如，人是怎样出生的？父母可以从植物开花结果讲起，接着联系到人的“性”与生殖，也可以通过动物的生殖活动进行示范性的比喻，浅显地介绍人类生殖的原理，帮助孩子弄清这个问题。还可以给孩子购买一些正规的科普读物、科普光盘，满足孩子的好奇心。

当电视上播放的节目涉及生理知识、异性交往、性知识等，父母可以借这个机会和孩子谈论。尽量让事情变得自然而不是刻意，让孩子觉得这件事很平常，只是生活中的一部分而已。

男孩的遗精、女孩的月经都是孩子青春期来临的重要标志，在此前后，父母要注意做好引导，让孩子感受到成长的喜悦和自豪，同时也感受到长大的庄严。及时给孩子讲一些与其年龄、理解能力相符的性知识，对于孩子的白日梦、手淫等现象，要给予充分的关注和理解，并及时给孩子讲解相关知识，而不是对孩子进行责骂。

在现实生活中，确实有一些青春期孩子因为手淫而精神萎靡，影响了学习。其实，手淫的危害并不在于手淫本身，而在于“手淫有害论”和孩子自身的羞耻感带来的心理挫伤。孩子手淫后的恐惧心理、自我谴责却又欲罢不能的矛盾心理，才是手淫的真正危害。

所以，父母要尊重、理解和接纳孩子，甚至可以和孩子讲一讲自己当年的糗事，让孩子放松心情。

性是人生中不可或缺的一部分，是人类生命的源泉。建议父母以阳光的心态，公开而彻底地与孩子谈论性知识，引导孩子树立正确的性观念，这将关系到孩子将来的恋爱婚姻和幸福。

5. 我想谈恋爱，又担心影响学业

心理学家认为，孩子在青春期对异性产生好感是很正常的事情。他们内心对异性有一种渴望，甚至冲动，想要了解对方，但他们对异性的好感未必是早恋的表现，有很大一部分只是一种美好的愿望。

另外，父母要明白，青春期孩子的早恋具有不确定性和不稳定性。一般来说，孩子的早恋多以电视、电影或者言情小说为参照，加上自己的幻想去谈这场“恋爱”，普遍缺乏责任感。他们不完全懂得恋爱的真谛，也不知道怎样控制自己的情感，结果对自己的学业或理想产生了负面影响。

爱情之花是圣洁的，只有到了一定的年龄，才能够正确理解它；只有懂得珍惜它的人，才能栽培并以真诚之水使之盛开。对青春期孩子来说，在爱情生长的土壤还不具备的时候，最明智的办法是筑好防线，这就需要父母的帮助。下面这位妈妈的做法值得称赞。

小雪和妈妈关系亲密，两人相处如同朋友一样，几乎无话不谈。不过，自从小雪升入初中以后，情况似乎发生了一些变化，她开始偷偷写日记，而且日记本上还上了锁。妈妈感到十分纳闷：女儿这是怎么了？有时妈妈有种冲动，想要打开小雪的日记本一探究竟，但她也知道，如果这样做，就不只是日记本上锁，小雪的心也会锁上，对父母失去信任。所以，妈妈按捺住了自己的冲动，并有意识地增加和小雪聊天的时间。

有一次，妈妈主动和小雪谈起自己青春期的一些心态，谈到自己少女时代对异性的好感和发生的一些趣事。小雪边听边乐，并且若有所思地说："想不到妈妈以前也这样。"

"你是不是有什么苦恼？"妈妈乘机问道。

"妈妈，我很喜欢我们班的学习委员，他不仅学习成绩很好，而且长得高大帅气。每次一看到他，我就心跳加快，总是希望他能注意到我。我是不是不正常啊？"

"哪里不正常了，你现在是青春期的孩子了，已经到了对异性有感觉的人生阶段。如果没有这种感觉，那才不正常呢！"

"那我这算是早恋吗？"小雪有些担心地问道。

"当然不算，这只能算是异性之间的好感而已。当然，如果你不能理性对待，也有可能发展成早恋，给学习、人生带来很大的影响，所以你要学会控制。你已经长大了，妈妈相信你一定能把握好自己！你不是希望他能注意到你吗？你可以努力学习，让自己变得更加优秀，争取超过他，这样他自然会对你刮目相看了！"

在妈妈的鼓励下，小雪化"爱情"为动力，刻苦学习，到期末考试时，她的成绩有了很大提高。

由上可知，处于心理封闭期的少男少女，如果能主动将心里的秘密说出来，恰好为父母提供了教育的机会。这时，父母要做孩子的良师益友，赢得孩子的信任，才能引导孩子顺利度过青春期，留下美好的青春记忆。

首先，父母要端正自己的态度，不要总将自己凌驾于孩子之上，经验主义早已过时了。现在是高速发展的 21 世纪，每一秒世界都在发生着巨大的变化，对于老问题要用新方法去解决，对症下药才能标本兼治。眼下不要说青春期孩子早恋，甚至小学生都已经出现了早恋问题。父母要明白，青春期孩子早恋是一件很正常的事情，甚至可以这么说，现在的青春期孩子如果没有谈恋爱，或者没有类似于暗恋的情况发生，都是不正常的。所以，青春期孩子出现了早恋问题，说明其生理与心理发展水平都很正常。

那么，现在需要解决的问题是教导孩子正确面对早恋，让孩子的学习成绩不受影响，安全地度过这一时期。一般来说，父母认为孩子早恋不好主要是担心孩子学习成绩下降，一经发现便苦口婆心劝告，想方设法拆散，但结果往往事与愿违。所以，最好的处理方法不是强烈反对，而是以朋友的身份与孩子沟通。父母可以多提提孩子的理想，或讲讲当年自己或周围人的故事，让他知道也许这段恋情是美好的，但如果过早地把自己束缚起来，将会失去许多更美好的东西。青春期并不是播种爱的季节，只是准备和学习如何去爱的阶段。孩子在这个阶段应该做的是增长知识与锻炼能力，发展健全的心理与人格，才能让以后的自己自信从容地爱与被爱。父母可以多举一些例子说明早恋的危害：早恋荒废了不少优秀学生的学业，毁了不少孩子的前程；早恋的男女学生热衷于单独在一起，讨厌别人的干扰，也很少与班级同学正常来往，长此以往，这种二人世界会逐渐脱离大众，把自己推到孤立的位置上去。

当然，也有很多早恋是建立在互助学习的基础上，对双方都有帮助。如果有条件，父母可以让孩子把对方带回家里做客，了解他们的感情进展，大家坐在一起谈谈人生，谈谈理想，从未来规划的角度鼓励他们互帮互助，考入理想的大学，之后再继续这段感情。青春期孩子都是热爱幻想的，他们也期望自己能有一个美好的未来，只要父母能及时将这种幻想引向正确的方向，将自己的经验与孩子们分享，供他们思考，相信他们在思考后会有一种新的认识，态度自然也会发生转变。

6. 他（她）的离去，可能是因为我还不够优秀

父母在某一段时间可能会发觉，处于青春期的孩子总是心事重重，一会儿高兴万分，一会儿又情绪低落，对任何事情都提不起兴趣，学习成绩也在退步，而且不愿意与父母交流，稍不顺心就大吵大闹。孩子出现这样的状态，很有可能是因为早恋了。

早恋虽然不是什么罪大恶极的事情，对孩子情绪的影响却是显而易见的。青春期的孩子本来情绪就易变，加上“为情所困”，心情更是起伏不定。另外，青春期孩子的心智还没有完全成熟，对待感情也没有理性的认识，一旦“恋爱”关系结束，对孩子的打击是很大的，有可能产生一系列严重后果，比如打架滋事，甚至有一些心理脆弱的孩子“为情自杀”。

这天，妈妈突然接到小鹏的班主任打来的电话——小鹏在学校和同学打架了。这个消息对妈妈来说实在是太突然了，因为小鹏平时是一个听话、乖巧的好孩子，无论如何都不可能和人打架。

妈妈匆忙赶到学校，经过了解才知道打架的起因是一个女孩。小鹏和那个女孩确立了恋爱关系，不久女孩却说自己对小鹏没感觉了，要和他分手。小鹏心情十分低落，看到女孩和另一个男孩很亲热地在一起聊天，一气之下就动手和那个男孩打了起来。这时，妈妈想起最

近小鹏总是无精打采的，学习成绩也退步了，原来是因为“失恋了”。

青春期孩子的早恋，不过是在强烈欲望之下的“尝鲜”。当然，他们尝到的除了些许甜蜜之外，还会尝到很多苦涩的味道。失恋是酸楚的，即使是成年人，遭遇失恋的打击也难免会消沉一段时间，更何况一个十几岁的少年？对于在父母的呵护中，在各种赞誉和肯定中成长起来的孩子来说，恋爱的失败或许是他人生中遭遇的第一个真正意义上的沉重打击。

父母往往觉得，孩子的恋爱就跟过家家似的，失恋了就失恋了吧，孩子忘性大，没几天就会好了，于是袖手旁观不当一回事。然而，青春期孩子的心智还不成熟，被动失恋的一方很容易受到伤害。他们会想得很多，有的会怀疑自己：是不是因为我不够好，所以对方才不接受自己？有的则会将矛头指向对方，愤怒于对方的有眼无珠、移情别恋。这会使孩子失魂落魄、消沉沮丧，产生严重的悲观抑郁，甚至绝望自伤，伤人毁物。父母一时的疏忽，很可能就让孩子错过了治愈的机会，在心灵留下永久的伤痕，从此一蹶不振。

所以，父母不要不当一回事，用不理解、忽视的眼光看待孩子的失恋，这会加重孩子对父母的不信任和不满情绪。父母只需好好地陪着孩子，让其明白这些经历将来会成为孩子人生中的养分，而父母的接纳与支持可以让孩子学习如何正视、接纳与克服自己的失落，对于其将来处理职场、感情或其他人际关系都有帮助。父母可以告诉孩子：“这并非坏事，等你长大了，有能力了，会有更多更好的选择。爱情不是生命的全部，因为失恋而搞垮身体、影响学业，是很不值得的。”

失恋的修复是需要时间的。有的父母十分着急，使劲给孩子做思想工作，恨不得孩子听完父母的一席话就能大彻大悟、脱胎换骨。然而，孩子也许在父母面前表现良好，实际上内心的伤害却没有愈合，只是勉强缝合了外部的伤口而已。任何伤口的恢复都需要时间，所以，当孩子遭遇失恋时，请给予他充足的时间去治愈自己。

开导孩子时，首先要做到与孩子共情，引导孩子谈谈自己的感受，表达自己的关心，然后和孩子分享自己或一些成功人士的感情挫折，让孩子知道失恋是很多人都会遭遇的考验，被拒绝不代表孩子不优秀，只是双方不适合而已。

在这个过程中，父母要想办法转移孩子的注意力，关心他，让他感受到家庭的温暖。比如，利用节假日带孩子出去旅游，或者让孩子投身于体育运动中。这样孩子会感受到，即使他失恋了，家人会永远关心他，帮助他摆脱心理上的孤单和苦闷。

同时，父母要引导孩子将精力转移到学习上来，鼓励孩子失恋不失志，坚持为自己做点什么。至少可以为自己做两件事：一是做能做的事情。从能做的事情开始，从简单擅长的功课做起，指导孩子根据自己的状态制订学习计划，一点点地恢复昔日的自信与快乐。二是做自己喜欢的事情。每天安排一段时间来满足兴趣爱好，取悦自己。当孩子积极行动起来时，就会渐渐远离无所事事的消极状态，找回积极行动的信心。

阅读小贴士：

哪些孩子失恋后的反应会比较严重？

一般来说，失恋后反应严重的，通常是家庭关系本来就不好的孩子。比如亲子关系不良、单亲，或者父母关系紧张、冲突严重的。孩子恋爱的很大一部分原因就是补偿家庭中缺失的爱。

然后是孩子本身性格内向、情感比较细腻的，失恋后的反应也会大一些。

最后是在恋爱过程中发生过性行为的孩子。

7. 理性对待性冲动，让友谊保持纯真

恋爱和性爱有着不解之缘，青春期孩子坠入爱河以后，有机会单独在一起，电影、电视里谈情说爱的镜头会成为他们关注和模仿的焦点，尤其是男女亲吻、搂抱等动作，会激发他们的感情冲动。强烈的性冲动往往使他们失去理智，不考虑后果而发生性行为。

一般来说，青春期孩子的性行为都是在隐蔽状态下进行的，双方常有紧张、害怕、恐慌等心理，事后会有不道德感与羞愧感。假如因此造成严重后果——怀孕，更会让女孩惊恐不安，无所适从。为了防止这类事件发生，父母一定要做好防范工作。

众所周知，过早接触性行为对孩子的生理、心理均会产生严重危害，因此，父母在日常生活中及时对孩子“示警”很有必要。比如，对年幼的孩子灌输异性触摸自己私处是不友善的行为。对已经步入青春期的孩子强调，过早与异性发生性行为很可能对性器官产生危害，感染众多疾病，并可能给未来的健康成长埋下隐患；学会洁身自好比学会使用避孕套更安全；在社会上，道德观念和舆论对女孩过早发生性行为和早孕是不能容忍的，而且怀孕堕胎最受伤害的是女孩；等等。

无论是男孩还是女孩，都要掌握一定的避孕知识。最好是采用安全套避孕，一是可以达到避孕的目的，二来可以减少感染的机会。

如果孩子不幸怀孕了，父母痛心疾首是必然的，但是事情已经发生了，悔恨和打骂也不能回到过去，把孩子赶出家门更会逼其走上歧途。这时，父母首先要冷静下来，找时间和孩子好好沟通，问清楚事情的经过。一般来说，孩子也知道自己犯下了大错，选择把这件事告诉父母，说明她已经走投无路了。千万不要打骂孩子，增加孩子的心理压力，而要让孩子知道，不管发生什么，父母都是爱她的，但是她必须吸取教训，并且走好以后的路。然后，及时带孩子去正规医院做全面的妇科检查，遵医嘱动手术或服药。切忌为了面子带孩子去一些黑诊所，一旦出问题，会毁了孩子一生的幸福。另外，父母还要给予孩子心理支持和心灵关怀，帮助孩子化解心理压力，尽快恢复正常的学习和生活。在事态彻底平息后，再耐心地对孩子进行性教育和人格教育。

阅读小贴士：

父母在性教育方面的错误认识如下：

1. “性教育越早，发生性行为也越早。”实际情况却是，未婚先孕的女孩不是对性了解得太多，而是太少！

2. “我们能自然地走过来，孩子也能。”不要拿过去的观念来衡量现在，对孩子的教育应该与时俱进，孩子的心理成长应该成为家庭教育的重点。

3. “孩子的生活环境很单纯，没有必要让他知道。”也许现在父母能给孩子一个单纯美好的生活环境，但并不能保证孩子将来接触的环境也同样单纯。与其等到“意外”发生后才被动接受，不如主动提供正确的引导。

4. “学校有专门的性教育课程，会比父母教育得更好。”一味把性教育推给学校，是父母在推卸责任。学校和家庭的教育都是不可缺少的。

5. “一旦孩子了解性的细节，就会想模仿。”揭开蒙在性上面的神秘面纱，淡化孩子对性的好奇心理，才是对孩子最好的保护。

8. “走开，别碰我!”对性侵说“不”

人们通常认为女孩比男孩更容易受到性侵犯，所以父母总是不厌其烦地嘱咐女孩：“不要和陌生人说话!”“放学后早点回家!”“不要在同学家留宿!”而对男孩，父母觉得他们不惹这方面的麻烦就可以了，最多叮嘱一下他们不要在外面惹是生非、结交坏人等。实际上，不管男孩还是女孩，在性安全方面都很需要父母和社会的保护。

一项调查显示，在中国，有9.5%的女孩和8%的男孩曾遭到过不同形式的性侵害，总数高达2500万人，而且多数是熟人作案，比如邻居、同学的家长等。他们常常通过友好对待孩子来赢得孩子的好感，之后利用孩子的无知和幼稚来达到自己的目的。孩子对此感到既害怕又反感，但很可能不敢说出来。其中，针对男孩的性侵犯行为，其实际发生率和女孩的没有太大差别，差距仅为1%～2%。所以，保护青春期孩子，让他们能够在危险面前及时脱困，已经成为一件刻不容缓的事情。

虽然无数父母恨不得与孩子同吃同住同睡，但是无论父母怎么努力，也无法做到24小时、无缝隙地贴身保护，孩子总有落单独处的时候。所以，与其贴身保护，不如教会青春期孩子提高防范意识，学会自我保护！

父母首先要让青春期孩子明白世道复杂，内心要有警戒意识，并给孩子制定一些必要的安全规则。比如，晚上外出时必须结伴而行；外出要告知家里人，并随时保持联系，以免发生危险时无法联系救援；独自在家时要注意安全防范，记得关门锁门，不要给陌生人开门；等等。

父母要经常向孩子灌输自我安全防范的必要性，比如，不要轻易相信陌生人的话，不要接受陌生人的邀请，不和陌生人一起做事等。父母还应告诉孩子要有强烈的自我保护意识，不要因为一时冲动就脱离家庭、学校和社会的保护圈，去网吧过夜，到外地游荡，把自己置身于孤立无援的危险境地。

在日常生活中，父母还要帮助青春期孩子树立性别意识，让其知道男女有别，不要犯错；告诉孩子哪些是自己的隐私器官，这些地方除了医生检查等特殊情况外，任何人都不能看不能碰。更重要的是，身体是属于自己的，只要你不愿意，没有人能随意触碰你。

如果有人意图不轨，也不要胆怯，要想方设法引起公众注意，勇于呼救。面对危险要想办法脱身，但要记住：生命比任何东西都重要！

对于青春期女孩，父母要做的是经常与女孩谈心，关注女孩的心理变化，及时获知女孩的情感状态，了解并帮助女孩正确应对。青春期女孩一般不会轻易向家人诉说自己的心事，想把自己懵懂的感觉隐藏在心底。对父母来说，了解这些并不意味着要否定、限制女孩，那样只会助长她内心的叛逆。耐心了解、努力理解青春期女孩，才是正确的沟通之道。

青春期的男孩有自己的兴趣、爱好、见解和主张，有自己独立的意识和行为方式，不再安于父母的保护和安排。他们渴望友谊，希望有可以倾诉心声的朋友，同伴和群体的作用甚至超过了长辈与老师的影响，青春期是不良品质极易形成的危险时期，所以父母要给予青春期孩子正确、及时、全面的成长指导。

最后，提醒并不一定起作用，父母还要经常和孩子保持交流，及时发现问题才能及时帮助孩子，避免孩子在受伤害后做出割腕、跳楼等不理智的行为。

最重要的是，父母与青春期孩子之间要建立强大的信任感和安全感，让孩子知道，无论发生什么事，父母都会永远保护他。很多猥亵青少年案件的发生，就是因为孩子没有第一时间告诉父母而导致侵害反复发生。所以，父母平时要主动与孩子沟通，有时还可以向孩子说一些发生在自己身上的事情，这不是为了让孩子给自己提意见，而是为了让孩子感到自己被平等对待，从而愿意把事情告诉父母。

第五章　课本里的青春

——激发青春期孩子的学习潜能

在学校与家庭只关心考分的大环境下，孩子面临着巨大的学习压力，加上各种补习班塞满了课余时间，孩子毫无自由空间又找不到释放压力的出口，只能把压力深藏内心，这就很容易造成他们性格内向，情绪低落，注意力难以集中而厌学。另外，也有的孩子因为学习目的不明确，不求上进，学习方法不当，偏科，考试失利，与老师、同学关系不佳等而产生厌学心理。对此，父母要结合孩子的实际情况进行科学引导，多鼓励，少指责，为孩子营造一个宽松、舒适的学习环境。

1. 有时我很迷茫，不知读书是为了什么

一直以来，社会上关于读书无用的论调从未消失过。这些论调冲击着孩子的心灵，使孩子渐渐相信了“读书无用”这一论断。“很多大老板都没有什么文化，有文化的只能给他们打工。”这成了很多青春期孩子的想法。对此，父母不能让孩子只盯着所谓成功的捷径，而无视知识对一个人全面成长的重要性。如果青春期孩子不能及时明白这些道理，就会一直迷茫下去。

周六那天，小刚和好朋友小东在家里玩游戏，两人玩得十分起劲，最后竟玩了一天，本来要写的作业也忘了写。当小刚的父母回来时，他们还在玩。小刚的爸爸有点生气，但他极力让自己冷静下来，准备好好和孩子们聊聊。

他中止了他们的游戏，让小刚和小东坐到沙发上，问道：“小刚，你将来想做什么?”

“我想做建筑工程师，盖摩天大楼。”小刚毫不含糊地回答。

“那你有自己的学习目标了吗?”

“当然喽，我中考要考市里的重点高中，然后进实验班。”

“那小东呢，你有什么想法?”小刚的爸爸转过头来问道。

“我也不知道，走一步算一步吧。”

“那你学习的目的是什么，你知道吗?”

“我是为了我爸妈而学习，我考好了，他们在亲朋好友面前就很有面子。”小东得意地回答。

“小东，你这么想就不对了，学习是为了自己，你的父母在亲朋好友面前夸你，是因为他们内心也很高兴，最终受益的是你自己。”小刚很认真地说。

“小刚说得没错，小东，你这种想法可不对，父母都希望子女比自己强，他们努力工作供孩子读书，也是为了让孩子将来过上更好的生活。”小刚的爸爸补充道。

“难怪我平时不爱学习，原来是因为我没有学习动力。”

“是啊，你得给自己确立一个目标，努力朝目标奋斗，那样成功将离你越来越近。”

这次谈话过后，小刚和小东在学习上都更加认真刻苦了，在后来的几次考试中，他们的成绩都提升了许多。

人生只有一次，任何人都不能代替别人活，但是，很多青春期孩子还无法理解这个道理，因为报文科或理科是父母说了算，报兴趣班也是父母做主，他们已经不知道自己是在为谁而努力。长期如此，孩子将没有远大理想，没有学习动力，只是跟着父母的指挥棒，浑浑噩噩，得过且过。有的孩子尽管有独立的意识，但是迫于父母的管制，没有选择的机会，于是和父母对着干，导致亲子关系十分紧张……

青春期孩子的学习动机受到很多因素的影响，包括孩子的自身需求、家庭因素、学校的教育模式等。比如，父母都希望孩子将来能够飞黄腾达，给自己争面子，但这种想法很容易让孩子产生逆反心理，认为自己学习是为了父母的面子；而学校也往往以升学率为教学目标，这种单一化的教育目的不符合孩子的心理需求，也会影响孩子的学习动机。另外，社会上的拜金主义、读书无用论等价值观念，也会影响青春期孩子的价值取向，进而影响其学习积极性。

所以，很多青春期孩子对自己的人生道路感到迷茫，不知道自己读书是为了什么。很大一部分孩子认为自己纯粹是为了父母而学习，给父母争面子。这一认知直接导致孩子对学习毫无热情，也没有什么兴趣爱好，觉得人生毫无意义，整个人看起来无精打采，对什么都不在乎。

父母要让孩子明白，学习是为了自己的未来，今天所有的付出，都是为了在日后的某天收获理想和成功。不过，在一项针对中学生理想的抽样调查随机抽取的400名学生的调查问卷中，仅有10%的孩子能够清楚地说出自己以后想做什么，并且对未来有着清晰的规划。可见，大多数青春期孩子对于自己的理想是模糊的、不确定的，甚至是随意的。

理想对于青春期孩子非常重要。现在学校也进行理想教育，但是抽象的思想教育与现实生活脱节，孩子无法从中获得多大启发。所以，父母要根据自己的人生经验，给予孩子正确的引导，帮助孩子确立符合实际的理想。首先，理想要与孩子的爱好挂钩；其次，理想要与孩子擅长的领域挂钩；最后理想还要与当时的实际情况相符。

当孩子确立梦想后，父母要鼓励他用实际行动靠近梦想。比如，想成为工程师，就要加强数学、物理的学习；想成为一名作家，就要多读书、多写作。还可以让孩子参加大型社会活动，增长见识，培养实际动手能力。通过参与现代社会生活，孩子会发现人生的意义与价值，并建立自己的抱负与理想。当然，青春期孩子的情绪不是很稳定，即使确立了梦想，也可能坚持不了多久。遇到这种情况，父母不用着急，多给孩子时间和机会，让孩子的理想不断在现实中得到修正和完善。

如果孩子觉得学习太苦而认为读书无用，父母应该告诉孩子："世界上没有哪个国家的学生会认为学习是一件轻松的事情，现在是打基础的阶段，自然会辛苦一些，但知识多了，将来面对困难，解决起来也会轻松得多，学习其实是苦中作乐。"同时，父母要避免在孩子面前抱怨工作多累多苦，这会给孩子留下不良印象，影响孩子面对挫折的态度。

唯累过，方知闲；唯苦过，方知甜。人生就像是一个储蓄罐，孩子现在往里面投入的每一分努力，都是在为未来积蓄实力。记住，读书不是唯一的出路，却可以给孩子一双腾飞的翅膀。

2. 上课爱走神，我慢慢地成了“学渣”

一般来说，青春期孩子在课堂上不注意听讲主要有两种表现：一是自己不听讲，但是不会干扰老师和同学听课，只是在座位上做些小动作，比如玩文具、听音乐、看课外书等；二是自己不听讲，还影响身边的同学。这类孩子似乎永远有说不完的新鲜事，喜欢绘声绘色地讲给同学听；也有的孩子只是自言自语，但他们会给课堂制造一种噪音，干扰老师讲课和同学听讲。还有的孩子在课堂上大声喧哗，甚至随便走出座位，和其他同学打闹，极大地影响了课堂秩序，老师经常不得不中止教学来维持秩序。

下面是几个家长反映的情况：

“我的儿子 14 岁了，今年上初三，从去年开始，他的逆反心理变得越来越强，上课喜欢跟老师顶嘴，还在课堂上故意捣乱，渐渐地发展到上课不听讲，趴在桌子上睡觉。现在放学回家，连书包都不带回来了。”

“这个学期我已经第 5 次被老师请到学校了，我的儿子上课要么不听讲，要么和同桌讲悄悄话。有一次他居然把篮球拿出来，和几个男生玩传球，把新来的数学老师气得要死。”

课堂学习是师生互动的一个过程，孩子成绩的好坏很大程度上取决于课堂听讲的效果。但很多孩子一上初中，就从上课认真听讲的好学生变成了“捣蛋鬼”，不仅给老师的教学工作带来困扰，也让父母忧心忡忡，不知如何解决这个问题。

想让青春期孩子遵守课堂纪律，一方面需要父母和老师密切配合。比如孩子是因为不喜欢任课老师，对老师产生了反感才故意不遵守课堂纪律的话，那么父母就要和老师多沟通。首先，父母不要对老师有什么情绪，更不要当着孩子的面评论老师的缺点，应该用理解的态度来对待老师。其次，给孩子讲尊师重教的道理，告诉孩子不遵守课堂纪律就是不尊重老师。再次，对老师的缺点进行客观分析，在适当的时机以委婉的方式跟老师交换意见。

另一方面，父母要对孩子严格要求，避免溺爱孩子，养成孩子以自我为中心的坏毛病；另一方面也要允许孩子发表自己的意见。孩子想象力丰富，求知欲强，在别人说话时往往爱插嘴，尤其是对他闻所未闻的事情，他会本能地提出许多问题，希望得到答案。这是孩子获得知识的一个途径。但当孩子打断他人的谈话时，父母通常会生气且粗鲁地批评孩子没有礼貌。与其强暴制止，不如这样说：“我希望把话讲完……等我讲完了，你再说好吗?”事后再教导孩子，可以在别人讨论的间歇时间插话，但不要随意打断别人的谈话。同时，父母要欣赏孩子追问与表达的精神，并让孩子明白，话语的表达往往受特定的情境所制约，比如在课堂上，学习过程要求老师和学生都关注与课业相关的问题，而且发言不能随意，需要遵守课堂规则。

当然，自控力不是天生的，而是需要培养，培养的过程也就是社会化的过程，但这个过程是漫长的。要帮助青春期孩子达到自控、自律，表现出适应社会的种种行为，不仅需要父母的教育，更需要孩子自身的努力。父母不妨和孩子一起玩几个游戏，比如静坐游戏，比赛谁静坐的时间最长，只许眼珠转动，其他任何部位不许动，先动的一方为输方；夹豆子游戏，即用筷子夹豆子，看谁在规定的时间内夹得最多，或者看谁夹豆子的时间最长，比赛过程中不能说话，谁说话就淘汰出局。对孩子来说，游戏往往是最好的学习方式，在看起来最松散的游戏中，孩子反而学会了自控。

阅读小贴士：

弗洛伊德的精神分析理论告诉我们，人的所有行为都是有原因的。青春期孩子上课不能专心听讲，与其逆反心理有关。这一时期的孩子，身心很不稳定，渴望自由，却又面临着沉重的学习压力，这就使他们产生了一种矛盾心理，出现学习效率低下甚至厌学的情况。尽管如此，他们仍然不得不面对课堂学习，在这种情况下，他们将逆反的矛头指向老师，于是出现上课注意力不集中、故意和老师作对等行为。

3. 我不喜欢老师，是因为他太偏心

在青春期孩子的心目中，有喜欢的老师，也有不喜欢的老师，这都是很正常的事情。不喜欢某位老师，绝不是对老师的冒犯，只是个人的感情倾向。

一般来说，青春期孩子之所以讨厌某位老师，主要有几种情况：有的孩子不受老师重视，在课堂上很少被提问；有的孩子对某门课不感兴趣，成绩不好，即使老师没有批评、责备他，他也不喜欢这门课的老师；有的孩子因为纪律问题或者某些错误受到了老师的批评，于是对老师产生“仇视”心理；有的孩子可能受到了老师的冤枉，而老师又没有认真承认自己的错误，使得孩子耿耿于怀，心里十分委屈，进而产生怨恨情绪。

严莉的儿子今年上初三，因为学习成绩在班上只是中游水平，性格又内向，不善言辞，所以在学校里不大受老师的关注。但是现在孩子马上就要参加中考了，按照他现在的成绩，很难考上好的高中。严莉很着急，就去学校找老师，希望老师能给孩子多一些指导和帮助。老师为难地表示很难和孩子好好沟通，因为孩子似乎有抵触情绪。严莉回家问了孩子，发现孩子对老师有意见，觉得老师只喜欢学习成绩好和家庭背景好的学生，对自己这种普通学生缺乏关

注。她尝试说服孩子，但发现自己也没办法自圆其说。

学习是青春期孩子生活中最主要也是最重要的部分，如果孩子不服从老师的管教，甚至出现了一些负面情绪，很可能会对学习产生厌烦情绪，甚至厌学等。对此，父母一定要做好孩子的心理疏通工作。

首先父母要以身作则，尊师重教。父母的一言一行是孩子的榜样，如果父母都不尊重老师，孩子看在眼里，又怎么会尊重老师呢？所以，父母对老师要抱着尊敬的态度，并告诉孩子，只有尊敬老师，才能建立良好的师生感情。有的父母出于对孩子的宠爱，一旦孩子与老师发生矛盾，就不分青红皂白地带着孩子去找老师，当着孩子的面指责老师；有的父母虽然没有那么冲动，但听到孩子说老师的不是，也跟着指责老师，与孩子一唱一和。这些做法表面上是爱孩子，其实是害了孩子，因为孩子与老师的矛盾不但没有得到解决，反而助长了孩子与老师的对立情绪。

其次，父母要告诉孩子，老师是人不是神，和普通人一样会有缺点，也会犯错误。老师面对那么多的学生和问题，有时可能会处理不当，也可能会误解某个学生，或者语气措辞不当伤害了学生的自尊。让孩子学会换位思考，站在老师的角度考虑问题，从而体谅老师的难处。如果孩子心里感到委屈，可以主动和老师交流，说出自己的想法，前提是要尊重老师。见到老师要礼貌地打招呼，并用实际行动尊重老师的劳动：上课认真听讲，不破坏课堂纪律，保质保量地完成老师布置的作业。这些是师生和谐相处的基本前提。

父母还要记住，不要在老师面前惩罚孩子。有的父母在听到老师说孩子做错事后，为了表示自己不护短，当着老师的面就大声训斥或责骂孩子，这样做不但违背了老师反映情况的初衷，而且会在孩子心里投下“老师向家长告状”的阴影，从而与老师在感情上产生隔阂，在学习上也会产生消极情绪。所以，当着老师的面惩罚孩子是下下策！正确的做法是事后耐心帮助孩子认识自己的不足，帮助孩子树立改正缺点错误的信心与决心！

如果孩子向父母反映的问题属实，父母应该主动与老师沟通，及时了解孩子在校的情况，同时将孩子在家里的学习情况告诉老师，争取老师的帮助和支持，比如批改作业详细一些、主动找孩子谈谈心、课堂提问多一些、适当给孩子一些表扬和鼓励等。老师的这些做法，会让孩子感觉受到了老师的重视，比父母讲大道理要有用得多。人的感情是相互的，老师转变了对孩子的态度，孩子自然也会改变对老师的态度；孩子对老师的态度改变了，老师自然也会有所改变。和谐的师生关系将有助于青春期孩子健康成长。

如果老师确实存在问题，父母也要尽量保持客观公正的态度，努力挖掘老师的优点，而不是和孩子一起敌视、埋怨老师。可以在孩子面前多夸夸老师，引导孩子认识老师的优点和长处，从而恢复对老师的好感。同时针对老师存在的问题，与老师沟通、交换意见，必要时还可以向学校领导反映，协助孩子采取有效的方法规避。

阅读小贴士：

父母辅导作业的规矩：

1. 父母在孩子写作业时尽量不要看电视、聊天，可以看书充电或者忙工作上的事情。

2. 千万不要当监工，紧紧盯着孩子的一举一动，也不要充当服务员，不时让孩子喝水、吃水果等，干扰孩子的注意力。

3. 如果孩子确实需要帮助，可以给予指导，但不要代替孩子完成。

4. 如果孩子作业完成得好，应该及时表扬，反之则给予惩罚。

4. 磨蹭，导致我学习效率不高

生活中，很多青春期孩子都有时间管理不善的问题，实际利用时间的效果也往往不尽如人意，拖延、散漫是他们最常遇到的大敌。这种现象不但让青春期孩子自己觉得迷茫、困惑，也让很多父母感到头疼，抱怨不已。

出现这种现象主要有两个原因：一是孩子自身的时间观念淡薄，甚至完全没有时间观念，认识不到时间的重要性，也不清楚节省时间有什么好处，久而久之便养成了懒惰、拖沓的坏毛病；二是孩子对自己所做的事情缺乏兴趣，动力不足，自然不会抓紧时间去做，效率可想而知。

苏联著名教育学家苏霍姆林斯基曾经说过："真正的教育是自我教育，是实现自我管理的前提和基础；自我管理则是高水平的自我教育的成就和标志。"对青春期孩子来说，时间管理能力是其自我管理能力中的重要环节，倘若失去了管理时间的能力，便很难管理好自己的人生。

一位家长抱怨说："女儿刚进入初中，无论做什么事都慢吞吞的，哪怕要做的事情很紧急，她也不慌不忙。我有时会因此对她发脾气，她却不以为然。她的态度让我很反感，也很头疼。比如画画，还没开始画，她就一会儿找水喝，一会儿拿点心吃，要么就东看看西瞧瞧，明明十几分钟就可以画完的作品，总要拖延到一个小时，甚至更长的时间。每天睡前洗漱，她也总是磨磨蹭蹭的，边洗边玩，直到11点多才能上床睡觉。我几次三番纠正她这种坏毛病，但是她根本就听不进去。”

“你可以把财富留给孩子，但是你没法给他们留下一秒钟。”这是关于时间的箴言，值得父母和孩子牢记。时间如同生命，对青春期孩子来说，更应该了解时间对于自己的重要意义。为了培养和提高青春期孩子的时间管理能力，父母应当培养和保持一种习惯，那就是每天晚上睡前抽出10分钟和孩子交流。

一方面，父母要帮助孩子总结当天的事情是否已经完成，倘若完成得好，要给予表扬和鼓励；倘若没有完成，可以问孩子有何解决办法，或者和孩子一起商讨解决办法。另一方面，父母要协助孩子做好第二天的计划，帮助孩子养成做规划的习惯。

当孩子要做什么事时，让他从现在就开始，不要总是“明日复明日”。孩子因为年龄还小，总觉得日子好像永远过不完，所以体会不到时间的重要性。对此，父母有责任帮助孩子认识到时间的宝贵，养成立即行动的习惯。

有的孩子做事杂乱无章、随心所欲，很容易忽略最重要的事情。父母要让孩子学会分清事情的轻重缓急，完成一件事后再开始处理另一件事。另外，集中优势也是很有必要的，也就是一次只集中应付一个问题，直到处理完为止。

每做一件事，都应该让孩子设定一个期限，这样孩子会产生一种压力，自尊心也会敦促他努力按时完成。

青春期是孩子完成从他律到自律的重要转折期，这中间要经历一个较长的时期，需要父母的有效引导和监督。而父母在教给孩子方法时，也要有意识地参与其中进行引导，直到孩子能够自觉进行自我管理时再彻底放手。

5. 学习没计划，我的成绩总在中等徘徊

中国有句古话："凡事预则立，不预则废。"意思是说，不管做什么事，如果提前做好计划，往往可以取得好的结果，否则就有可能失败。

对于青春期孩子来说，制订一份合理的学习计划，养成守时、有序、高效的好习惯，就等于找到了促进学习进步的金钥匙，将成为孩子一生受用不尽的财富。从人生成功的角度来讲，统筹规划的意识和能力是取得成功所必须具备的一项重要素质，而这种素质只能在从小就习惯制订具体的学习计划并严格执行的实践中培养形成。

小颖马上就要参加中考了，她平时的成绩在班里处于中上游，正好处于重点中学录取线的边缘地带。上了初三以后，她早上起得很早，晚上放学回来，吃完饭就把自己关在房间里学习到深夜一两点。可是，最近两次模拟考试，她的成绩不但没有上升，反而下降了许多。这可把小颖的父母急坏了，不得不向班主任求助。

班主任对小颖做了一次家访，发现她学习的随意性太大，缺乏计划性。比如，整个晚上有数学、英语和语文三门课要复习，她一会儿拿起数学书做两道习题，如果遇到了难题，就背一会儿古诗，稍微觉得背诵有点难度，又换本英语书看一会儿……一晚上下来，

看起来她忙忙碌碌，每一科都学了点，但是都没有深入，收获很少。

青春期孩子的学习处于忙乱状态，与他们日常杂乱无序的学习习惯有着密切关系，还可能与父母自身的不良习惯有关。比如，父母在生活和工作中磨磨蹭蹭，没有计划性，就会在不知不觉中影响孩子；反之，如果父母在平时的生活与工作中讲计划有条理，孩子也会受到熏陶，做事便会有计划性。

因此，父母除了要改变自己的工作方式外，还要指导孩子制订学习计划。通常，一份好的学习计划表应该包含以下内容：

一是进行自我分析。父母要帮助孩子分析自身的优劣势和学习现状，给自己在班级中排一个名次。只有先了解自己的情况，才能进一步确立目标，然后通过对比，检验学习计划表的实际效果。

二是确定学习目标。学习目标要明确、具体，方便实施，并且方便验收和检查，比如哪一门功课需要重点学习、每天保证学习多长时间等等。父母要帮助孩子根据实际情况设定一个经过努力可以达到的目标。如果目标太高，实现起来难度较大，会打击孩子的积极性；而目标太低的话，孩子很轻易就可以完成，也会失去制订目标的意义。

三是科学安排时间。有些父母认为，制订学习计划就是把孩子每天的时间都充分利用起来。其实，这种观点是错误的。倘若学习计划不讲究劳逸结合，孩子在大脑疲劳的情况下，会表现出厌烦、倦怠，学习效率反而会降低。因此，在制订学习计划时，一定要让孩子注意劳逸结合，健康而有规律地生活。既要考虑学习，也要考虑休息和娱乐；既要考虑课内学习，还要考虑课外学习，同时还要考虑不同学科的时间搭配。比如，有的孩子早晨头脑清醒，适合记忆和思考；有的孩子晚上才比较有精神，能完成更重要的学习任务。再如，学习过程中要交叉安排学科，复习一会儿英语后转为复习数学，而不是盯着某个科目一连学习几个小时。

四是合理安排各科的学习内容。每个学科的学习规律不一样，每个阶段的学习重点不同，每个人的学习基础也有差别，父母在引导孩子制订学习计划时，要注意各学科的自身优势和劣势情况，根据孩子自身情况制订各科学习的具体措施和时间安排，以达到最佳学习效果。学习有规律了，效果也就明显了。比如，在孩子精神最集中的时候，让他学习比较难的科目；反之则学习一些相对轻松的科目。学习枯燥的科目时，可以让孩子听一些轻松优美的音乐，以此调节大脑。

五是计划要丰富全面。学习计划表不能仅仅针对学校里的课程，还要有丰富多样的活动。在时间安排上，不但要有学习的时间，还要有锻炼身体、参加集体活动等的时间。这样才能让孩子保持旺盛的精力，感受到生活的充实，激发学习的热情。

六是将长远计划和短期计划结合起来。长远计划可以是一个阶段，一年或者一个学期；短期计划则可以是每周、每天，甚至还可以有临时计划。长远与短期计划结合，孩子就可以脚踏实地，从点滴做起，为学习打好基础。

值得注意的是，制订计划容易，制订计划时孩子也很配合，可最后大多不了了之。那么，学习计划要怎样才能顺利实施下去呢?最好的做法是，让孩子自己制订计划，父母引导时不要过于主动，以免孩子产生逆反心理。记住，孩子是学习计划的执行者，父母是监督者，应定期检查孩子的完成情况。如果发现孩子提前完成了任务，或者在完成任务的过程中出现了较大困难，应该及时调整计划，以免浪费时间或者因长时间完不成任务而使孩子陷入沮丧之中。如果孩子完成了一定阶段的学习任务，则应该给予一些奖励。

6. 我有自己的兴趣，请你们尊重我的选择

进入初中以后，青春期孩子各方面的能力都有了进一步的提高，好奇心加重，对很多事物表现出强烈的兴趣。但初中的学习也相对紧张，于是，兴趣与学习之间难免产生矛盾。这时，父母一般会采取以下三种做法：

一是让孩子重学习而轻兴趣。生活中，很多父母不辞劳苦地给孩子报各种兴趣班，希望孩子成为一个多才多艺、全方面发展的人才。但是，一旦孩子的兴趣爱好与学习发生冲突，尤其是当孩子为了兴趣爱好而占用学习时间，导致成绩退步时，父母通常会要求孩子放弃兴趣爱好，或者极力减少孩子在兴趣爱好上所花的时间。

二是重兴趣而轻学习。现在很多孩子在兴趣爱好上获得了不小的成就，于是，有的父母在孩子学习成绩不理想时，想让孩子放弃学习，转而发展兴趣，以便在其他领域大放异彩。在这些父母看来，语文、数学、英语等基础学科对生活没有多大用处，用不着刻意去学习。

三是希望孩子兼顾学习和兴趣，并且尽力做到最好。为了不让孩子输在起跑线上，很多父母对孩子的学习和兴趣施加双重压力，不仅要求孩子用功学习，而且在学习之余还要参加各种兴趣班。

这三种做法对青春期孩子来说都不是很好。只重视学习而剥夺孩子的兴趣爱好，有可能会埋没孩子某方面的特长，并因此伤害孩子的心灵，使孩子成为内心压抑、只知道学习的“书呆子”；轻视学习而偏重兴趣爱好，又会让孩子失去基础的知识，成为一个基本功较差、文学素养和知识体系较弱的人，到头来不得不重回学校学习系统的知识；而采取高压让孩子兼顾学习和兴趣，往往会让孩子压力过大，甚至出现厌学情绪，而且会给孩子的兴趣加上很重的功利性负担，完全失去乐趣。

佳佳是个漂亮的女孩，从小就喜欢跳舞，上初中后，她在学校的课外小组活动中报名参加了舞蹈班。当佳佳兴奋地将自己参加舞蹈班的事情告诉妈妈后，妈妈有些不高兴了，在她看来，学习舞蹈的都是成绩比较差的孩子，佳佳的学习成绩那么好，应该将更多的课余时间用来巩固学习。

于是，在没有通知佳佳的情况下，妈妈给她在校外报了好几门必修课程的课外辅导班。这些辅导班的时间跟学校的课外活动有冲突，佳佳如果去课外辅导班的话，就不能参与学校的舞蹈班活动了。佳佳决定跟妈妈好好说下自己的想法：“妈妈，我觉得这几门课程的知识，老师已经教得很好了，我也掌握了。我可以少上几个课外辅导班吗?”

妈妈本以为自己以这样的方式处理这个问题，会让佳佳放弃学跳舞，没想到佳佳竟然公开抗议，这让她非常生气，顿时失去了耐心，对佳佳大吼道：“我花这么多钱给你报辅导班还不是为了你好?你看看你，整天跟那些就知道玩的孩子一起学跳舞，能有什么出息!你以为我是钱多了没地方花？我和你爸爸省吃俭用，不就是为了让你将来能有出息!”

佳佳还想解释，但看见妈妈余怒未息的模样，她又把话咽了回去。之后，佳佳每天辛苦地奔波于各个课外辅导班，听老师讲那些她已经会做了的习题，妈妈则要花费原本不多的休息时间来接送佳佳。然而，佳佳不但学习成绩没什么进步，反而变得闷闷不乐了。

现实中，有的父母盲目追随社会潮流，将自己的兴趣和愿望强加在孩子身上；有的还采取简单粗暴的方法，强迫孩子去做他不感兴趣的事情，对孩子的兴趣不予理睬，甚至扼杀；还有的父母头脑中存在“学文不如学理”的观念，抑制孩子在语言、艺术等方面的兴趣，强迫孩子做计算题。这些做法对青春期孩子的健康成长都是非常不利的。

另外，客观上人的智力优势和能力结构不同，因而教育孩子应该坚持因材施教的原则。尤其是在培养孩子的某些特殊能力时，父母更应充分考虑孩子的素质及其兴趣倾向，试着引导孩子在兴趣方面下功夫，尽可能为孩子创造机会，让孩子无忧无虑地在自己喜爱的天地里遨游，这样才能激发孩子的最大潜能，在某一领域获得成功。

那么，父母如何发现青春期孩子的兴趣爱好呢？首先，父母要养成仔细观察孩子的习惯，一般来说，孩子反复做的事情通常就是他最感兴趣的事情；其次，父母应该以平等的立场与孩子沟通，多听听孩子的想法，问问孩子喜欢做什么。即使孩子的兴趣爱好与父母的期望存在差距，但只要是正当的爱好，就应该给予其尊重。孩子在做自己喜欢的事情时，其创造力和潜力才有可能得到充分发挥，专注、认真、持之以恒的习惯和意志品质才能得到锻炼。

同时，父母还要明白，“三百六十行，行行出状元”。成功不是只有上大学这一条路，现代社会需要的是多方面、多层次的人才，要做到人尽其才，而不是学历至上。当青春期孩子的学业一团糟时，父母不妨转个弯想，看看孩子在其他方面有没有好的表现。比如，孩子的文化科目表现不佳，心态十分消极，但是他也许在烘焙、美术设计等方面表现优秀，那么，你是否愿意让孩子往这些方面发展？有的时候，不要把孩子限定在学习这条道路上，有些职业需要较强的专业性，对成绩要求较高，但也有些职业对学习成绩的要求没那么高，当兵、绘画、音乐，哪有天赋就朝哪个方向努力，为什么不换一种思维，换一种活法呢？毕竟人生有很多可能，没有人规定我们一定要怎么过。

7. 偏科，让我心力交瘁

根据调查显示，小学时大约有21%的孩子偏科，而到高中以后，偏科的孩子高达80%。对此，教育专家提醒，孩子偏科的问题越早发现越好，只要父母正确引导，找到孩子弱势科目产生的原因，就可以避免偏科。

造成青春期孩子偏科的原因有很多，首先是孩子的心理因素，由于父母过多的表扬和无意识的暗示，使孩子产生了认识偏差，认为自己只要某门课学得好，其他科目都不重要。其次，进入青春期，由于个体差异，有的孩子在逻辑和抽象思维方面没有形象思维发展快，于是出现偏科现象。第三，孩子在学习过程中没有细化每一科的知识点，一旦在学习中遇到困难，就会逐步失去对该学科的兴趣。第四，孩子跟不上老师的思路，无法理解老师讲述的知识点，作业也不能按时完成。

当青春期孩子出现严重的偏科后，不仅纠正困难，而且会直接影响以后的发展，比如有的孩子天赋高、潜质好，却受困于偏科而不能如愿考进大学，接受更好的教育，实在是可惜。

一位家长很无奈地讲述了自己儿子偏科的经历："我儿子正在上初中，偏科严重，数学只能考十几分，虽然其他科目的成绩还行，但是在班里只能算是'不上不下'的中等生，进入重点高中的希望比较渺茫。他一直想考进重点高中，但是数学成绩让他感到气馁，最近经常在家人面前说‘没劲’‘不想上学’，因为老师更关注尖子生和后进生，经常忽略他这类‘夹心层’学生。越到考前，儿子的抱怨越多：‘模拟考试一开始，老师就全都盯着那些冲刺重点高中的尖子生了。班里那些考不上高中的同学，也会得到老师的注意，因为老师需要帮助他们挑选职业学校。我们这波人，就是属于关心不关心、努力不努力都没有多大变化的，真没劲！’我试过很多办法，比如找数学老师沟通、找家教给他补课，但是他已经丧失信心了，不管我做什么，他都提不起精神来。”

青春期孩子接触的中学教育是基础教育，这一阶段不仅是培养孩子兴趣的最好时期，也是孩子全面了解各门课程的重要阶段。父母要让孩子懂得，各门课程的学习，在培养能力和发展智力的过程中担负着不同的任务。缺少了任何一门课程的学习，都不可能形成完整的知识结构，长此以往，会影响孩子全面、协调的发展。另外，偏科最明显的影响，就是会导致孩子原本的优势也无法凸显出来，因为成绩差的科目会将其他科目的成绩拉下来，直接影响孩子的考试总体水平。当孩子认清了偏科对自己的影响，才会重视那些原本不喜欢、不擅长的科目。

很多时候，偏科的后天因素影响更大，主要在于父母对知识结构的认识偏颇，比如他们可能希望孩子当医生、工程师等，为孩子设计的成才之路很容易导致孩子偏科。所以，要纠正孩子偏科，父母首先要改变自己错误的想法，把孩子的认识引上正确的道路。

对于偏科，防比治重要，早治比晚治容易。当孩子偏科严重时，父母应该先帮助孩子克服心理障碍，逐渐树立自信，继而为其创造条件，提高对基础薄弱学科的兴趣。

不过，对于孩子不感兴趣的学科，不要让孩子一开始就投入大量时间，这样会增加孩子的烦躁与厌倦。正确的做法是，制订一份学习时间表，将学习时间详细分配。比如今天只复习英语的一小节，时间不超过半小时。半个小时后，换一个科目学习。渐渐地，孩子的学习兴趣会慢慢增长起来。

有的时候，青春期孩子某门学科学不好可能是因为其中的几个问题，并非对所有问题都一无所知。建议父母详细了解孩子这一学科的学习，对孩子进行考察，找出掌握得最差的部分，然后进行强化或突击训练，使孩子在短时间内有所提高，从而增强自信、提高兴趣。

在纠正青春期孩子偏科的问题时，父母还应该结合本科目的特点。比如孩子不喜欢历史，可以经常给孩子讲古代故事，以引发其对历史的兴趣；孩子不擅长英语，可以给孩子找一些经典的美剧来看，让孩子在欣赏影视作品的同时燃起对英语的学习兴趣……

当然，有的孩子一门或几门功课学得特别好，这并不是偏科。父母要支持并鼓励孩子继续保持擅长学科的优异成绩。这不仅能帮助孩子掌握知识、提高总体成绩，更重要的是能够培养孩子的学习能力，开发他的潜力。

此外，父母还可以借助学校这个第三方力量，共同努力，纠正孩子的偏科现象。有的时候，孩子不喜欢某个老师，往往也会不喜欢那个老师教授的科目，久而久之，学习成绩就会下降，而成绩下降又会导致孩子失去学好这门课的信心，陷入恶性循环。这个时候，父母首先要帮助孩子解决情绪的问题。不喜欢某位老师就会对他有情绪，一看到老师首先出来的是负面情绪，带着这种情绪是没办法继续学习的。了解孩子不喜欢老师的原因后，不要对孩子进行道德层面的教育，可以先表示理解孩子，允许孩子表达情绪。其次，让孩子明白学习是他自己的事情，如果不听课导致成绩不好，最终只会伤害到自己，对老师不会有什么影响，证明自己的最好方法反而是把这门课学好，让老师刮目相看。

8. 学习，学习，总是学习，我讨厌学习

厌学心理主要表现为，孩子对学习毫无兴趣，表现出冷淡、厌倦等消极情绪，并渐渐把这些情绪表现在具体行动中。调查显示，现在存在厌学心理的学生数量并不少，厌学成了青春期孩子较为普遍的心理问题。

这也难怪，在现在的教育环境下，学习让孩子不堪重负，即使倡导素质教育，孩子的压力也并未减少。一大堆五花八门的作业导致学习疲劳，作业过多挤占了玩耍时间，甚至音乐、体育、美术课也经常被挤占，或者成绩跟不上，加上老师不恰当的责罚、同学有意无意的嘲笑、父母有心无心的打击，等等，孩子很难不厌学！

不同的孩子厌学的原因也不一样，有的孩子厌学是因为家里不和谐，有的是因为父母期望过高、压力太大等。另外还有一个现象，越是重点学校，越是容易出现厌学的学生；越是重点班级，越是容易出现厌学的学生。

小培初中就读于一所普通中学，学习成绩还不错，是年级里的佼佼者。初中毕业时，学校打算把他作为优秀生保送进重点中学，但他为了进全市最好的高中，毅然放弃了保送资格。后来，小培凭实力考进了理想中的学校，父母都为他感到高兴。没想到上高中没多久，小培的笑脸就不见了，名校高手云集，竞争十分激烈，老师

也不像以前学校的老师那样关注他。期中考试时，小培有门功课在班里排名倒数。面对这样的落差，小培内心无法接受，他不愿去学校，怕见任课老师……父母对此既心疼又无奈。

上例中，孩子其实遭遇了阶段性厌学，他初中时成绩优秀，喜欢学习，只是因为一次挫折就开始厌学。

对于这种孩子来说，学习环境变化了，竞争日趋激烈，一旦无法达到父母和自己所设定的目标，便会产生厌学情绪。尤其是有些孩子，有着值得骄傲的过去，为了证明自己，他们也努力过，但成绩总是上不去，于是在悲观失望中产生了厌学情绪。对此，父母要创建宽松和谐的家庭氛围，告诉孩子成绩滑坡只是一时的，成绩不能决定一切，不必过于在意，从而减轻孩子的心理压力。

如果孩子一向喜欢学习，成绩也不错，突然开始厌学，肯定是有比较明确的原因，比如父母吵架，考试失利，不喜欢某位老师，结交了不爱学习的朋友，沉溺于早恋、网上聊天、玩游戏等，以致跟不上学习进度，产生了厌学情绪。对此，父母不要过于紧张，应该多关心孩子，加强交流沟通，了解具体原因后再对症下药。

重要的是，父母应该明白，青春期孩子厌学并不是对前途、未来的一个否定，而是阶段性的休整，经过调整和引导，这种状况一般可以得到改善。

陈东上初中时成绩很好，升入高中后由于不适应新的学习环境，他的成绩出现了较大滑坡，于是开始逃学，父母和老师想了很多办法都无济于事。高二时，陈东和另一个不想读书的同学一起离家出走了。他们来到北京，做过搬砖工、洗碗工，还做过网管，由于没有文凭，两人吃了很多苦，终于明白了学习的重要性。后来，他回到了学校继续上学，凭着原来的底子，加上学习刻苦，考上了不错的大学。陈东毕业后从事平面设计工作，收入还不错，经常给父母寄钱。他的父亲感慨地说："原本觉得不读书他将一事无成，他离家出走时我都绝望了，没想到他还能迷途知返。”

这个案例说明厌学并没有想象的那么可怕，青春期孩子经受一些挫折后对人生往往会有新的理解，这对他来说也是一种成长。

“十年树木，百年树人”“千里之行，始于足下”，教育不是朝夕之功，不要期望拔苗助长，父母要学会改变方法，耐心等待，不要一见到孩子厌学就忧心忡忡，感觉世界末日到了，这对事情的发展毫无益处。没有哪条道路是笔直的，人生的道路也是如此，关键是要帮助孩子把好方向盘。

阅读小贴士：

如何帮助孩子找到兴趣爱好？

1. 拿一张白纸，让孩子列出 5～10 件喜欢做的事情，越详细、越具体越好。比如喜欢跳舞，尤其是芭蕾舞；喜欢画画；喜欢唱歌；喜欢弹钢琴；喜欢游泳；喜欢打羽毛球……孩子写的时候需要一个思考的过程，这会让他更好地了解自己。

2. 从中找出 1～3 件孩子相对比较喜欢的事情，鼓励他长期坚持下去。比如孩子说喜欢画画，但是一个礼拜都不画一次，那不是真正的喜欢。爱好就像终身伴侣，是每天都会去做的事情。

3. 告诉孩子要勇于尝试，就算找不到自己的爱好，至少可以了解自己，知道自己不喜欢什么。而能不能从中获得快乐，是检验喜欢的标准。

4. 让孩子抱着好奇和持续学习的心态。有时孩子不喜欢做某件事的原因很简单，因为他不会。不识字又怎么会爱上阅读？不会游泳又怎么会爱游泳？人们一般喜欢做自己擅长的事情，当孩子持续学习取得进步时，就会越来越喜欢去做这件事。而好奇心会让孩子不断尝试新事物，寻找新的爱好。

9. 粗心丢了名次，我只能在悔恨中寻求宽恕

有些父母经常说："我家孩子挺聪明的，就是有点粗心。"粗心大意不是学习应有的态度，不少青春期孩子就是因为粗心大意造成的一分之差而错失了理想学校。粗心大意，归根结底是习惯养成的问题。如果平时没有养成良好的学习习惯，考试时心里一紧张，粗心大意的问题就难免出现，使考试成绩大受影响。即使再聪明的孩子，也会因为粗心大意而丢分。

陕西文科状元谢尼，高考以686分考入北京大学光华管理学院，她的经验就是用"错题集法"来改正粗心的毛病：

"错题集是许多成绩好的学生必备的，我也不例外，而在这里我强调的是如何充分利用自己的错题集。错题一般可以分为两种——一种是自己根本不会做，因为太难了，没有思路；另一种是自己会做，因为粗心而做错。我觉得，最有价值的错题是第二类。因为粗心有许多种，我们也要分析它。第一，看错题目。是看错数字还是理解错题意？为什么会看错题？怎么样误解了题意？以后会不会犯同样的错误？第二，切入点、思路出错，这样的思维解法根本不适合这类题目。第三，计算错误。为什么会算错？有没有方法杜绝？怎样才能真正做到细心？其实在高考中，有多少题目是你不会做的

呢？最终的竞争，还是在于你究竟能做对多少。如果你能把自己粗心的错误杜绝，那么在高考中一定会取得非常好的成绩。”

孩子做作业，一般是前半部分质量好，后半部分质量差，这是因为学习时间太长，他的身心已经疲劳了。长时间持续学习，会导致学习能力减弱、效率降低、错误率增加，这样一来，粗心的问题就产生了。对此，父母要引导孩子适当休息，缓解疲劳，从而有效减少粗心的现象出现。

孩子做完作业后，父母要督促孩子养成检查的习惯，长期坚持下去，一定会有效果。有些父母总是担心孩子做不好，于是为孩子代劳，给孩子指出其中的错误。这样下去，孩子不仅不会变得细心，反而会依赖父母，变得更加粗心。所以，父母即使发现了错误，也不能告诉孩子，而应提醒孩子再检查一次，或者指出错误的范围，让孩子自己查证。

检查出错误后，父母要帮助孩子分析出错的原因，让孩子抄写自我提醒的“语录”，如“坚决消灭错别字”“不要忘记复数”等，放在孩子容易看见的地方，提醒孩子注意，这样有助于孩子克服粗心的毛病。

改正错题时，不能只是把题目从头到尾再做一遍，蒙对了就算完成任务，而不去深究犯错的原因，这样改错收效不大。可以让孩子把作业、练习、考试中的所有错题分类收集起来，在出错的地方用醒目的颜色标明错误原因，经常翻阅，以免再犯类似的错误。

考试前，父母可以根据孩子各门课容易出现的错误、容易粗心马虎的地方，和孩子一起讨论，写一些自我提醒的话，帮助孩子克服考试粗心的毛病。

考试时，试卷的试题一般分为简单题、中等程度题与难题。父母要向孩子说清楚，拿到考卷后要保持平常心，对难题不畏惧，对简单题不盲目乐观。简单题最好全部做对，因为孩子完全有这个能力，只是要认真对待。简单题做得顺利的话，心里会更有底气，从而有信心去解决那些难题。

良好的习惯是在日常学习中一点一滴养成的，有些小事也要提醒孩子注意。比如，孩子的草稿纸总是乱七八糟，这样一不小心就会计算出错，或是在誊抄的时候抄错。对此，父母要提醒孩子打草稿不要太潦草，至少要清晰可辨。

10. 一到考试就焦虑，我需要看心理医生吗

很多青春期孩子都有过类似的症状，每到考试前就心慌意乱、吃不下睡不好、头脑混沌……这些表现不仅困扰着青春期孩子，也让父母们感到头疼，有些父母甚至表现得比孩子还要紧张。那么，这种考前焦虑现象是什么原因造成的呢？

一般来说，考前焦虑是由应考情景引起的，主要表现为紧张、忧虑、不安、烦躁等心理情绪。而处于青春期的孩子都有竞争心理，喜欢争强好胜。他们面对考试就和成年人面临重大的考验一样，会表现出紧张的情绪。适度的紧张会给孩子带来压力，从而刺激到他们的神经系统，激发他们的兴奋度，以较好的状态应对挑战。然而，倘若压力过大，同时父母又处理失当，就很容易使孩子产生考前焦虑。

一位幡然醒悟的父亲说过这样一件事情："女儿的学习成绩一直不怎么样，每次考试后我免不了要批评她一番。有一次，她考得实在不像话，我很认真地'教育'了她一番，没想到她竟然因此离家出走了。这时，我才彻底醒悟，孩子才是最重要的。从那以后，我的心态一下子就变了，忽然有种眼前一亮的感觉。之后，我再没有因为成绩责骂过女儿，而是采取鼓励与支持的态度，没想到女儿的成绩一次比一次好，最后竟然在升学考试中考出了全校第五的好成绩。"

对于青春期孩子来说，父母的鼓励往往比打骂更具教育意义。请记住，不要将焦点放在数字的变化上。95 分、97 分、100 分，这些分数都不是重点，而是要记得分数不会从天而降。它只能扎扎实实地像存零花钱一样，一分一分地累积而来。请看见孩子努力的过程。父母的“看见”，会让孩子因为自信而充满动力。

所以，对于青春期孩子的学习成绩，父母首先要理性对待，其次要多鼓励、少抱怨。

有些父母因为自身工作、社交的关系，会接触到很多社会地位较高或者家境优越的人，他们喜欢拿彼此的孩子进行比较，然后对自己的孩子提出些标杆式的要求，甚至会以此讽刺和挖苦孩子。殊不知，这样的比较和刺激，会增加孩子的紧张情绪，甚至导致孩子因为害怕承担考试失利的后果而采取一些不理智的行动。

有些父母整天把“成绩好的人才有前途”“你这次怎么考得这么不好，你原来很聪明的嘛”之类的话挂在嘴边。孩子长期听这些强调结果的话，就会时刻想起来，一到考试，这些话便如影随形，以至于根本无法安心复习考试。父母要做的，是改变对孩子成绩的态度，让孩子知道在父母眼里，他永远是最好的，不会因考试成绩好坏而改变。父母还要让孩子认识考试的目的，理智地对待考试，不要把考试结果看得太重，以平常心去对待每一次考试。

有些父母为了让孩子复习时不分心，特意把家里的电视、电脑全关了，甚至不敢大声说话；或者在考试期间包办所有家务，不让孩子干活；经常看日历，提醒孩子快考试了……这些言行表面上是为孩子创造良好的学习环境，却给孩子制造了很大的压力，加重其焦虑情绪。因此，父母关心孩子要适度，最好采用孩子能接受的方式来表达。

为了让孩子考试时能够放松一些，父母平时要教会孩子合理安排学习时间，帮助孩子制订符合自身学习习惯的学习计划，提高学习效率，从而拥有充足的休息和学习时间，减轻考试前的心理紧张度，做到轻装上“战场”。考试前，父母可以教给孩子一些缓解压力的方法。比如，深呼吸，边做深呼吸边想象一些美好的事情，这样可以有效缓解压力；还可以让孩子试着想象一下宁静的大海或森林，以达到放松身心的目的。

当孩子考试成绩不理想，或者遭受其他挫折的时候，父母观察孩子的行为、情绪，与平时对照，不用具体问分数，就能猜出十之八九。这时千万不要一开口就问分数，可以像平常一样让孩子写作业、休息，等孩子自己开口。这是考验父母耐心的最好时刻。谁先开口就说明谁的压力大。孩子说分数的时候，切不可大惊小怪，要表现出知道了，尽管成绩不太理想，但还可以接受的态度，同时让孩子明白一个道理：“分数只代表对过去所学知识的掌握程度，并不代表解决问题的实际能力。事实上，分数的高低不能决定什么，更别说决定你的未来。”如果孩子很内疚，父母可以不以为然地说一些理由，帮他合理化，或耐心听他倾诉，安慰他，让孩子的心情平静下来，然后再客观地讨论考试失利的原因。在经历挫折后的一个月内，孩子一旦有好的表现，要及时加以肯定、赞扬，鼓励孩子将挫折转变成动力。

阅读小贴士：

6～12 岁阶段，是阅读能力长足发展的黄金时期。在这一阶段，没有什么比海量阅读、提高阅读能力更重要。对于孩子后面的长期学习来说，良好的阅读能力和理解能力是顺利学习的基础。

只有博览群书、大量阅读中外名著经典，广泛涉猎百科知识，包括天文、地理、历史、物理、化学、生物、哲学、艺术等，才能让孩子的智慧不断增长，最终形成一种强大的发展能力！

11. 学习压力已经够大了，我不想上培训班

世界那么大，知识那么多，孩子学习知识需要通过很多渠道，培训班的存在说明它是被需要的，有着不可替代性。为了不让孩子输在起跑线上，父母们都在努力让孩子学习更多的知识，在放学后、周末带着孩子奔波在去各类培训班的路上。可以说，培训班已经不是要不要上的问题，而是怎么上、选什么上，这是父母们绕不开的一道选择题。

进入初中后，谢宇航成了“大忙人”，时间总是不够用。在没有征求他意见的情况下，父母给他报了书法培训班、英语口语班和奥数三个培训班。每到周末，谢宇航就奔波在各个培训班之间，完全没有自己的时间，周六上午学书法，周日下午学奥数，晚上练口语，还要完成老师布置的课后作业，时间被安排得满满当当。

每次看见同龄的孩子在自由玩耍，他就十分羡慕，很想跟父母说他并不喜欢那些培训班，但是看到父母陪他去上课时的奔波劳累，他又难以启齿。

随着学习、竞争压力的增大，为了孩子不掉队以及出于升学的考虑，很多父母盲目地为孩子报各种培训班，也有一些父母抱着跟风的心理报班。比如有个家长担心孩子在普通班觉得自己“低人一

等”，便给孩子报了一个计算机特色班。

父母的出发点是好的，却忽视了青春期孩子内心的需求，这种一厢情愿的做法很少能够达到目的，反而会引发孩子的逆反心理，阻碍孩子的正常发展。

对于青春期孩子来说，他们的自主意识大大增强，只有当培训班和他的兴趣爱好相符合时，才能取得理想的效果，而且孩子的精力是有限的，本来学业负担就很沉重，如果再不停地报班，会让孩子不堪重负。

所以，父母给孩子报培训班时，应该遵循孩子的身心发展规律，在了解孩子兴趣的基础上，征得孩子的同意，这样孩子会感激父母的理解，学习也更有积极性。在缺乏尊重的家庭中，孩子没有自己的意识，丧失了独立自主的能力，将来走上社会也很难适应社会的发展。

刘燕想让女儿学钢琴，可是当她带着女儿来到少年宫报名时，发现女儿在舞蹈房门口看得出了神，怎么拉也拉不走。于是，刘燕尊重女儿的选择，但要求她对自己的选择负责，一定要坚持下去，把舞蹈学好。

选择和责任总是联系在一起的，如果青春期孩子的所有事情都让父母做主，他就不会认为自己对这个决定负有责任，因为不是他自己选择的。而当父母把权利交给孩子后，他选择时反而会比较慎重，因为他知道一旦选择了就要负责到底，不管结果是好是坏，都要自己承担。

有的时候，父母还需要考虑到一种可能，那就是随着青春期孩子年龄的增长、知识面的拓宽以及社会经验的加深，他们的兴趣也可能会发生变化。比如，孩子以前喜欢钢琴，现在却对计算机产生了兴趣。有的父母出于功利心理，不允许孩子改变兴趣，比如当初为了孩子学习钢琴，给孩子买了钢琴，于是就不允许孩子的兴趣发生变化，强迫孩子天天练琴。这种做法并不可取。孩子拥有丰富的兴趣其实是一种提高，父母要鼓励孩子全面发展，允许孩子的兴趣发生转移。

另外，父母在为孩子报培训班时要理性一些，不要盲目跟随别人的选择。现在父母们聚在一起，难免会聊些兴趣班、培训班的话题。事后有些父母就开始琢磨："我家孩子是不是也该去多学一个兴趣班呢？""那里的老师好，我要把孩子带去试试。"……然后就是孩子每天的下课和休息时间都在赶学校和各个补习班的家庭作业，放学后奔波于各个补习班之间。

在给孩子报班时，父母往往忽略了孩子才是主角，多数是根据自己的认识帮孩子做主，选择自己认为对孩子以后有帮助的培训班，殊不知在孩子没有兴趣的情况下强行要求孩子去上课，带来的坏处比好处更多。

未来会是什么样，谁也不能确定，父母不能以自己现有的认知去安排孩子的一切，禁锢孩子的发展，而要学会给孩子做减法，认真想一想：孩子到底需要什么？自己能做什么？为什么要这么做？怎样才能更好地帮助孩子？想清楚了这些问题，相信父母会做出正确的选择。

阅读小贴士：

如何选择合适的培训班？

1. 看师资。目前课外辅导机构的授课老师一般有三种：一种是专职教师，属于辅导机构的教研组成员；一种是兼职教师，主要来自学校的一线在职教师；还有一种是高校里部分优秀的大学生、研究生或博士生，经培训后上岗。任何一所负责任的培训机构，都知道师资对于学校的发展至关重要，因此，机构在挑选教师的时候一定不会马虎，否则就是跟自己过不去，砸自己的牌子！

2. 看口碑。俗话说：“金杯银杯，不如口碑！”报班前一定初步了解培训机构，可以向周围的同事、朋友、亲戚打听一下。

3. 看资质。无证办学是非法的，随时可能面临被取缔的风险。况且，一家机构连合法手续都不具备，教学质量又怎能信得过？到时不仅浪费金钱，更耽误了孩子的宝贵时间。

4. 看规模。教育也是产业，需要投入成本。只有上规模的培训机构，才有可能投入更多的教研费用，吸引更优秀的教师，提供更完善的教学服务。

5. 看环境。校区环境在很大程度上反映了一家培训机构的内在品质。硬件虽然不是全部，却可以反映办学者的用心程度和专业水平，家长可据此判断他们是不是踏踏实实在做教育，做高品质的教育。

6. 看专业性。比如准备给孩子报英语班，最好选择专做英语培训的机构。

12. 考个好学校，你们想我也想

现在的父母越来越关注孩子的教育问题，优质教育资源的竞争也越发激烈。不少父母将未来的期望寄托在孩子的教育上，为了让孩子上名校可以说挤破了头，买学区房、上培训班都不在话下，还让孩子提前学习本该几年后才会正式学到的内容，死记硬背大量知识，这不仅给青春期孩子带来了负担，无形中也给父母带来了很大的精神压力。

梁玲是一位大学老师，和很多家长一样，她对女儿的要求十分严格，要求孩子每次考试尽量“全部做对”，无法容忍孩子的每一个失误。在苛刻的妈妈和老师的双重夹击下，女儿变得谨小慎微。中学毕业全区统考时，女儿发挥失常，没有进入重点高中。

父母想让孩子上个好学校是很正常的事情，从目前的现实来看，学校的资源是不平衡的，包括教学设备、老师的教学水平等。这些在短时间内都无法改变。

但很多时候，孩子并没有那么在乎去哪所学校，更多的是父母在乎，而父母在乎的很大原因是面子。所以，对孩子来说，升学的压力主要来自于父母。如果让孩子自己选择学校，可能结果会大大出乎父母的意料。比如，有些孩子选择某所学校，就是因为他的好朋友也选择了这所学校，或者他真的很喜欢那所学校。所以，父母不要低估青春期孩子自我调节的能力，不要把自己的想法强加给孩子，更不能为了自己的面子而牺牲孩子的快乐。

所谓名校，只能说明它在办学水平、办学质量上有某些过人之处，但正如没有包治百病的灵丹妙药一样，也没有能够教好所有学生的学校，所以父母不应盲目地崇拜名校，而要综合考虑孩子的性格特点、学习基础、家庭经济状况，甚至路途远近等，选择一所最适合孩子的学校。

父母要明白，择校只是给孩子提供一个较好的学习环境和交友环境，并不是说孩子一辈子的命运都受学校主宰。家庭条件好的，可以给孩子提供一个更好的学习环境；家庭条件一般的，父母也不要忘记：好的学习环境，也仅仅只是一个学习环境，而且这种“好”是相对的。也就是说，一所公认的好学校不可能方方面面都是优质的。打个比方，孩子进入好学校，却遇到了性格粗鲁的老师；而孩子进入了一般的学校，幸运地遇到了宽容善良的老师……在孩子的成长过程中，有着许多因素和无限的可能。环境可以造就人，但人也能创造环境，这才是一个孩子成长的全部。

“塞翁失马，焉知非福。”在一个“不太好”的学校也会有一些有利的因素，那就是孩子的努力、孩子的进步、孩子的勤学好问……在好学校可能会被老师忽视，而在“不太好”的学校却能得到老师的赞赏、重视、鼓励，孩子不会有太大的竞争压力，也不会因为自卑而丧失信心，他在这个群体中自信满满……而这一切，可以成为青春期孩子不断进步的有利因素。

另外，孩子也不一定非要读重点班不可。重点班看起来光鲜亮丽，人才济济，是各路“学霸”的集中地。但在重点班的压力，只有身在其中的孩子能够体会。学习进度快、难度大，竞争激烈，甚至有的还采取滚动制或淘汰制，这些不是所有青春期孩子和父母能够承受的。

所以，父母应该目光长远一些，即使升学不理想也不要责备孩子，把它当成一个过程就可以了。相信自己的孩子，放宽自己的胸怀，坦然面对升学，这是所有父母必须具备的心态。

第六章　把孩子的三观扶正

——孩子的三观里藏着他的未来

培养正确的三观，是父母送给孩子最好的礼物。所谓三观，指的是世界观、人生观和价值观。孩子进入青春期后，处在身体、心智成长的关键阶段，也是三观养成的重要阶段。三观建设，不是靠父母讲道理讲出来的，而是熏陶培养出来的。父母在日常生活中的言行举止，就是孩子三观建设的榜样，正所谓“身教胜于言传”。

1. 同学们穿的用的全名牌，我已自卑透了

“有时我跟孩子聊天时会说到，你们班很多同学的父母比我们有钱，但他们的父母未必都像我们这样了解自己的孩子，也未必有精力像我们这样关注自己的孩子。”

“孩子有时会说，某某有新鞋，我也应该有。这时，我就会说，某某虽然有新鞋，可是你有新外套啊。这样说效果挺好，孩子一听就不吱声了。”

“女儿今年上初一了，有一天她吵着要手机，我看很多学生都有，就答应了她。她却说要买最新款的，不能比别人的差。另外，在吃和穿方面，她也处处和别人比，把很多心思放在了攀比上，你说我们做父母的该怎么办?”

这是一次父母沙龙上的家长发言，从中可以看出攀比心理在青春期孩子身上非常普遍，父母们也很关心这个问题。

攀比心理是孩子心理发育过程中的正常现象。处于青春期的孩子，知识经验不断累积，世界观、价值观开始建立，对很多事情有了自己的见解。在和同龄人交往的过程中，他们喜欢争第一，成为领导者，希望得到大家的认同和喜欢，自然也就产生了与周围人比较的心理。此外，“爱面子”是中国人普遍存在的心理，孩子身处在

这样的大环境中，或多或少会受到影响。

有时也有父母本身的原因。有的父母常常无意识地在孩子面前显露出虚荣的言行举止，比如，拜金主义，一切用钱摆平；喜欢与地位高的人交朋友，看不起普通人；等等，这些都会潜移默化地影响孩子。

要想遏制青春期孩子的虚荣心，父母必须从自身做起，注意自己的言谈举止，给孩子树立一个好榜样。

有的父母出于疼爱孩子的心理，认为别的孩子有的，自己的孩子也要有。这种做法很容易让孩子产生错误的认识，以为别人有的东西自己也应该有，无形中产生攀比的念头。为了杜绝这一点，当孩子基于攀比心理提出不合理的要求时，父母一定要说明原因，予以回绝。切忌因为孩子哭闹而心软、改变主意。

有的父母因为溺爱孩子，经常在别人面前夸大孩子的优点，无视孩子的缺点，时间长了，孩子就会认为自己很完美，容不得别人比自己好，喜欢攀比，甚至养成爱慕虚荣的性格。所以，父母要客观评价孩子，适当表扬优点，及时指出缺点，并帮助孩子分析原因，鼓励他慢慢克服缺点。

当青春期孩子虚荣心过强时，空口说教或者以命令的方式禁止都无法从根本上解决问题。父母平时要多留心，仔细观察孩子的言行举止，敏锐地捕捉其心理动态，迂回地提问并不失时机地表达自己的想法，让孩子深刻认识到爱慕虚荣的危害，并接受父母的引导。

从积极的方面来看，青春期孩子有攀比意识说明他存在竞争心理，父母可以引导孩子将攀比的焦点放在个人品质、学习能力和良好习惯上，激发孩子的上进心，促进孩子全面发展。

此外，父母不妨鼓励孩子通过自己的努力或劳动来获得想要的东西，让孩子切身体会到攀比需要付出的代价。

2. 别人的父母有钱有势，真让我羡慕

受社会风气的影响，羡慕别人的父母有权有钱，担心父母给自己丢人，这种想法在青春期孩子中非常普遍。经常可以听到这样的言论：

“我时常有这个念头——如果父母在年轻时够努力，我现在的日子也不用这么痛苦。为了达到同样的目标，我要花 200 分的努力，而富二代只要花 20 分。”

“我很看不起我爸爸，他没什么本事，也没什么文化，一点也不会赚钱，只知道吃和睡。我就要上高中了，他也不帮我选学校，我真的很担心。”

“开家长会的时候，很多同学的爸爸都是开车来的，只有我爸爸骑自行车。我觉得自己的爸爸不如别人的爸爸，心里有点自卑，都不想让他来参加家长会了。”

父母们若听到这些话一定会感到伤心，觉得自己付出再多也得不到孩子的认可。其实，对于青春期的孩子来说，他们还没有树立起成熟的世界观、人生观和价值观，在受到周围环境的影响后，产生这样的想法也很正常。

豆瓣网上曾经曝出一个男孩，成绩优秀，奥数、围棋、轮滑各种业余爱好的水平也出类拔萃，但他对父母的态度让人大跌眼镜。他认为自己太优秀，父母太穷，根本配不上自己。实际上，他的父

母有车有房，经济条件也还可以。“我努力优秀，是为了早日脱离无知无能的原生家庭”，这便是他的人生信条。

对父母来说，最悲哀的是自己付出了所有，奉献了一生，却换不来孩子的尊重，更别说什么感恩之心。然而深究原因，不难发现孩子如此表现，父母难辞其咎。父母是最舍得给孩子花钱，也是对自己最苛刻的人。他们总是跟孩子缺乏一种界限感，我的是你的，你的也是你的。所以，请父母收起泛滥的爱，多给孩子积极的引导！

如果孩子嫌弃父母的工作过于普通，父母在日常生活中可以多和孩子讨论这样的问题，比如“穿衣和吃饭哪个重要”“只有企业家，没有普通人，产品靠谁生产”“街边的早餐店如果取消了，周围的居民是不是很不方便”……通过讨论这些话题，让孩子明白任何工作都有价值，从事普通工作的父母也一样伟大，在用自己勤劳的双手创造着美好的生活。

同时，父母要帮助孩子树立正确的价值观。青春期的孩子渴望被认可、关注和赞许，开始渴求自我价值的实现。然而，由于现实中缺乏正确的引导，孩子错误地通过展示自己物质上的富足来给自己“标价”。著名作家易卜生有过一段极为精辟的话：“钱能买来食物，却买不来食欲；钱能买来药品，却买不来健康；钱能招来熟人，却招不来朋友；钱能买来奉承，却带不来信赖；钱能使你一时开心，却无法使你得到幸福。”父母要让孩子明白，一个人真正的价值，应该来自于内在，要靠自己去发掘。贫富不能决定人生的价值，家庭条件也不能决定一个人的未来，未来应该靠自己的不懈努力，借此鼓励孩子努力学习，靠自身能力改变生活。平时多给孩子讲一些古今中外的名人故事，让他明白，出身普通家庭一样可以凭借自己的努力开创一番事业。

当然，父母也不能放弃努力，应该给孩子一个积极向上的榜样，坚持学习，认真工作，为全家过上更美好的生活而奋斗。

3. 有钱就是好，想买什么就买什么

在现实生活中，我们吃的食物、穿的衣服、住的房子、看的报纸杂志，都是用金钱换来的。要想生存，必须要有金钱。所以人们常说：“钱不是万能的，但没有钱是万万不能的。”基于生存的需要，追逐金钱本无可厚非，但现在金钱的作用却被无限夸大，演变成了一种不良风气，使得正处于成长期的青春期孩子也不可避免地受到了影响。

如果青春期孩子没有树立正确的价值观，思想便会被拜金主义扭曲，其危害如下：

一是产生歧视心理。如果孩子有了拜金主义思想，就会以金钱为自己的出发点和终结点，眼里只有钱，生活中也只谈钱。他会歧视穷人，会趋炎附势，失去孩子该有的纯真。

二是没有人情味。一旦孩子有了拜金主义思想，就会失去人情味，没有同情心。他可能看不到父母的辛苦，眼里只有金钱。

三是容易走歪路。拜金主义的孩子对金钱有很强的欲望，一旦缺少金钱，很可能会走上违法犯罪的道路。

所以，父母要让孩子知道，金钱在生活中很重要，但它并不是万能的。可以给孩子举一些生活中的例子，比如：金钱可以买到药

物，却买不到健康的身体；金钱可以买到书籍，却买不到知识；金钱可以买到礼物，却买不到真正的友谊……

邓琳为了根除女儿认为金钱可以解决一切的思想，可谓煞费苦心。看到媒体上关于因患绝症医治无效而死亡的报道，她就会对女儿感慨一番："即便是亿万富豪，在绝症面前也无能为力。"女儿会赞同地点头："看来金钱并不是万能的。"

有一次，女儿学校组织郊游，邓琳特意没有给女儿带水，而是让她多带一些钱。回来后，女儿感慨："荒郊野岭的，连买水的地方都没有，有钱也花不出去。幸好我和同学关系不错，不然就被活活渴死啦。看来，朋友比钱靠得住。"在邓琳的引导下，女儿的价值观慢慢发生了变化。

同时，父母还要告诉青春期孩子"君子爱财，取之有道"。孩子如果不懂获取金钱的正确方法，很容易步入歧途。父母要让孩子知道，金钱是靠辛勤的劳动换来的，没有人可以不劳而获。

黎芳夫妇为了帮助孩子养成正确的金钱观，承包了一个小型农场，他们和 2 个孩子一起分担农场的各种工作，包括饲养动物、挤奶以及记账等。农场赚到钱后，利润就在家人之间进行分配，连最小的孩子也能拿到一部分利润，大点的孩子能多拿一些。孩子得到的钱可以自由支配，用于支付自己的各种开销，如买文具、玩具、书籍等。最大的孩子可以用自己的钱买衣服、交电话费。父母负担所有的生活必需品和家庭开销，以及给孩子交学费等。孩子的零花钱也会随着农场的盈亏状况而有所增减，当农场的利润下降时，孩子得到的零花钱也会相应减少。

上例中，父母的做法给孩子上了一节很好的金钱课，孩子从中明白金钱是靠自己辛勤劳动得来的，每个人都是家庭的贡献者，共享劳动成果，共同承担风险。

孩子有了钱后，还要学会合理运用金钱。很多青春期孩子不懂得怎么花钱，有了零花钱就没有计划地乱花。

一位妈妈就讲述了自己的担忧："有一年春节回老家，儿子得到了一些压岁钱，坚决要求这些钱由他自己保管并支配。我们同意了，但要求他将钱存进银行并合理支配。但是儿子有了钱后，竟然想买什么就买什么，买了大量的电影海报、卡通书，还有零食、CD等。有些东西他买回来后又不喜欢，于是就丢在一边，结果全浪费了。他的花钱方式让我们感到很担心，担心他以后不懂理财，生活会一团糟。"

以上现象折射出了家庭教育中关于金钱观的缺失。很多父母不重视培养孩子的理财观念，认为那是孩子长大以后的事情。其实，对于青春期的孩子来说，理财教育是很有必要的，这有助于他们树立正确的金钱观，也有利于他们的健康成长。

阅读小贴士：

在给孩子零花钱上，父母容易犯两个错误：

一是富养——要多少给多少。这样富养出来的孩子，很容易形成骄奢淫逸的习惯。

二是滥用激励——奖励做家务和做作业。这样做容易造成一个大问题，也就是梁实秋先生说的："他在未来可能会把一切关系都处理成金钱关系，花钱买朋友，花钱买职位，花钱买爱情……做什么事情都需要以钱为动力，一切事情都用钱来度量与衡量。"

4. 我也不想做“坏孩子”，只是有点跑偏了

是非观、人生观是人们对人生目的和人生意义的根本看法与态度。它决定了一个人做人的原则，是把握人生方向、抉择人生道路的指南。而青春期则是形成是非观、人生观的关键时期。

步入青春期的孩子对周围的事物充满了好奇，他们热情洋溢、兴趣广泛，却缺乏毅力；他们渴望了解社会，渴望独立，却又缺少人生经验和辨别是非的能力。他们这些不稳定的个性，需要父母和学校共同来引导和教育。

刘健的家境不错，长辈都很疼爱他，几乎有求必应，所以他平时并不缺零花钱。有一次，他到好友陈鹏家里玩，看见陈鹏有一架望远镜，他想知道这架望远镜到底能看多远，就想借回家玩玩，但陈鹏很爱惜这个望远镜，怕被刘健弄坏了，因此没有答应。刘健很生气，回家的时候悄悄把望远镜带走了。看见找不到望远镜的陈鹏如同热锅上的蚂蚁，他心里暗暗得意。

这件事发生以后，刘健产生了一种很奇怪的心理，觉得做坏孩子，偷别人的东西，能获得一种快感，班上很多同学的文具都被他偷过。后来有一次逛超市，他从货架上拿了一些物品，准备把它们放在不易被发现的地方偷回家，结果被超市老板抓住，老板报了警。

这个案例很有代表性，有的孩子偷窃并没有明显的目的，可能

是为了给别人造成困难而获得快感；也可能是把偷到的东西扔掉、损毁或随便送人。

除了盗窃之外，有些青春期孩子还会做些不构成违法犯罪的“坏事”，比如不听父母的话、谈恋爱等，在他们看来，似乎听父母、老师的话，做乖孩子是一种没长大、受人鄙视的行为。很多孩子羡慕那些故意和老师作对、欺负低年级孩子的同学，认为这样更容易得到周围同学的尊重和认可，于是争相效仿。父母若不对孩子的行为加以引导和控制，将给孩子的成长带来恶劣影响。

一位家长在研讨会上讲了这样一件事情：“我女儿班上有个男孩是独生子，家里很溺爱他。有一次，我去学校找女儿，站在教室外面说话，那个男孩一下子冲过来把我女儿撞倒了，之后，他不仅不道歉，反而冲我女儿做鬼脸。我看到男孩跑去的方向站着一个穿戴时髦的女人，据女儿说是那个男孩的母亲。他母亲明明看到我女儿被撞倒，却没有任何反应，这种情况真的很令人气愤。但是女儿说这个男生就是这样，大家都习惯了。不久，我们便听说了这个男孩闯祸的消息，他把一个同学的凳子弄断，然后假装放好，那个同学坐凳子时不幸摔倒，受了很重的伤。虽然祸是男孩闯的，但这与他母亲的是非观教育脱不了关系。因为这位母亲纵容自己的孩子，犯了错也不加以制止，最终导致悲剧发生。”

家庭是孩子成长的摇篮。青春期孩子难免会有一点叛逆，有时他做了坏事，并不代表他是坏孩子，更不能给他贴标签，但是决不能放任不管。父母首先要帮助孩子将事情的影响降到最小。有的父母认为只有打骂才能纠正孩子的错误，实际上，打骂只会疏远亲子之间的关系，孩子会感到很孤独，感受不到家庭的温暖，有时宁愿流浪在外，与社会上的小混混交往，最终被人利用，误入歧途，甚至触犯法律受到制裁。

所以，在日常生活中，父母要时刻注意观察孩子的思想动向，如果孩子的零花钱突然多了、脸上出现一些瘀青等，一定要重视，因为这意味着孩子可能打架或者偷东西了。然后，父母要仔细排查可能出现的情况，动之以情，让孩子自己承认错误，但要避免伤害其自尊心。如果事态的发展允许对孩子的错误行为保密，父母要遵守诺言，否则就会失去教育孩子的机会，使孩子不再信任父母。

由于青春期孩子很容易受到他人影响，父母要经常对孩子进行是非观念的教育，让孩子了解不良行为是法律和社会所不允许的，同样的错误不能再次发生。要想纠正孩子的错误行为，必须从帮助孩子形成正确的是非观念、增强是非感开始，从孩子现有的认知水平出发，反复教育，树立孩子的是非观，增强孩子改邪归正的决心。

阅读小贴士：

如何纠正青春期孩子的偷窃行为?

1. 如果孩子在家庭以外的地方行窃，事发之后父母必须监督他归还物品，要求孩子进行道歉并保证再也不会犯这样的错误。

2. 如果孩子从家里偷钱，可以大概估计一下他到底偷了多少钱，并告诉他这些钱必须偿还，比如通过帮忙做家务来还钱。如果孩子是因为零花钱不够才偷钱，父母可以根据实际情况适当增加零花钱的数目。

3. 隐藏物质方面的诱惑，不要把钱放到孩子能够轻易找到的地方。

4. 已经发生的事情就让它过去，重要的是找出孩子偷窃行为的根本原因。如果孩子需要更多关注，父母要多关心他。如果孩子渴望掌控自己的生活，父母需要给他更多零花钱以及更大的支配自由。如果孩子需要借助某件东西来融入周围的同龄人，可以考虑买给他。

5. 一如既往地信任孩子。如果父母把孩子看成喜欢小偷小摸、行为不端或经常撒谎的人，孩子极有可能变成那样的人。

5. 说到就要做到吗，那样多累啊

古语有云："人而无信，不知其可也。"无论古今中外，人们都把信守诺言作为人际交往中一条极为重要的道德准则。人们常常说"一诺千金"，可见信守诺言的可贵。一个说到做到，能为自己的言行负责的人，才能够获得别人的尊重。

新学期开学时，李朗向父母承诺，这个学期他再也不玩电脑和手机游戏了。但没过几天，细心的妈妈就发现他晚上在房间里偷偷玩《王者荣耀》。妈妈决定找李朗谈一谈，谈话开始时，妈妈首先赞扬了他积极进取的态度，之后旁敲侧击地指出他晚上偷玩游戏，李朗小声地辩解道："我是因为有同学找我一起玩才玩的，要是不和他们玩，他们以后就不会理我了。"

妈妈沉默了一会儿，说："既然定下了目标，许下了承诺，就一定要想办法做到，否则就是言而无信了。"随后，妈妈分析了玩游戏对生活、学习所造成的影响。经过两个小时的沟通，李朗对妈妈说，"我说不玩游戏是想让爸爸妈妈高兴，但为了融入同学不得不玩，而且我自己确实也很想玩，很难控制住自己。"

妈妈想了想说，可以适度玩手机游戏，可以与同学约定在周末的时候玩游戏，每天一起玩一次。李朗点头答应了妈妈。

教导青春期孩子并让其真正做到“信守承诺”不容易，需要很多理性和管理意识，不是一句口号就能完成的。

首先，“信守承诺”的前提是不能轻易承诺，并且要会分析诺言的实质，经过思考，真正理解其伴随的责任和义务时才能答应。父母要教育孩子考虑是否应当答应，凡不应做的事情就不要答应，让孩子知道感情用事、讲“义气”和讲信用不是一回事。

有些青春期孩子不信守承诺，往往是话说出口之后自己又忘记了，压根就没想到还有这件事；还有的孩子抱着侥幸心理，希望父母已经忘了自己的承诺，让自己钻个空子。为了避免这两种情况，父母要时常提醒孩子——你做过这样的承诺。比如，孩子说明天要自己收拾屋子，可以跟他说：“你自己说要收拾屋子的，我已经相信你了，你可别让我失望呀!”这样孩子心中就会强化“收拾屋子”的行为概念，更加重视自己的承诺。

在青春期孩子违反约定后，体会到失信的后果也很重要，这个后果不一定是惩罚，而是深刻认识到自己的错误，并争取对失信行为做出弥补。父母要教育孩子树立正确的是非观，让孩子勇于承担责任。

在这里提醒父母们，在青春期孩子的教育培养过程中，环境至关重要。作为孩子最信任也最依赖的人，父母的榜样作用非常重要。千万不要觉得孩子还小，不懂事，就可以忽略对孩子的承诺，这会让孩子有样学样，养成不守承诺的坏习惯。比如，父母跟孩子约定周末带他去游乐园玩，但是一到周末就反悔了，当孩子因此感到委屈的时候，父母还会态度不好地批评孩子不知道体谅父母的辛苦，这就是亲子之间诺言约束崩毁的开始。

在父母亲手打破跟孩子的约定后，孩子对“承诺”这个词就会失去信心，认为承诺和遵守诺言都是不重要的，于是出现不遵守诺言的行为。所以，要想让孩子认真遵守诺言，父母首先要信守承诺。

如果父母确实想和孩子订一个约定，但是不一定能做到，可以用一些词汇明确地传达不确定的意思。比如，孩子想跟你一起打篮球，但那一天你不确定自己有没有时间，可以说“如果有时间的话，可以一起去打球”，这样孩子就不会产生父母不守诺言的印象了。除此之外，父母还可以在自己信守诺言后强调一下守诺的重要性，比如周末带孩子去游乐场，可以说“妈妈就算很忙也要带你来游乐场，就是因为答应了你，所以必须要做到”，这样也可以给孩子留下信守诺言的好印象。

阅读小贴士：

《韩非子》里有这样一个故事，曾子的妻子要去赶集，儿子哭闹着也想一起去。妇人想了想，对儿子说：“不要跟我去了，等我回来把猪杀了，煮肉给你吃。”儿子果然不哭了。等妇人从街上回来，发现曾子正准备杀猪，连忙上前阻拦道：“我说杀猪的话是哄孩子的，你怎么当真了呢？”没想到曾子却说：“小孩子不能哄骗，虽然他不懂事，但模仿能力却很强，今天你不守信用骗他，等他长大了一定会学大人的做法去骗别人。而且父母如果经常哄骗孩子，他以后就不会再相信父母了。并非孩子天生会骗人，这都是父母教导的结果！”最后，曾子把猪杀掉，给孩子煮肉吃了。

6. 为我付出是你们的责任，为什么要感恩

所谓感恩，是指将自己得到的利益归因于他人，对于自己拥有的东西产生富足感，并在逆境中看到美好事物的能力。感恩对于一个人的人际、认知、心理都有好处。因为当我们觉察别人有意识的行动给自己带来美好的结果，于是心生感恩，而这份感恩也会提升我们人际关系的质量。同时，当我们受到他人正向的响应时，会觉得自己所处的环境是友善的、令人愉快的，于是更愿意融入这个世界中。感恩所蕴含的正向情绪，对个人的成长和发展也有很大影响，并且能增加个人的幸福感。

在一个家庭教育论坛上，不时有父母抱怨说：

“有个周末，我削水果割伤了手，儿子着急去打球，也不问问我伤得重不重，就漠不关心地走了。”

“过年想带儿子回老家，可是他不愿意，抱怨老家不能上网，没有好吃的，从来没说过想念爷爷奶奶。”

“开家长会的时候，他爸爸因为路上出了点小事故迟到了，使他觉得丢了面子，结果他就一周不理爸爸，根本不问爸爸出了什么事故，有没有受伤。真是令人心寒！”

“儿子 13 岁了，从小到大，亲朋好友不知给了他多少无私的关爱，可孩子很少对别人说感谢的话，更不用说主动做点什么表示谢意了。”

可怜天下父母心，每一位家长都希望自己的孩子彬彬有礼，善解人意，善待他人，孝顺父母，怀有一颗感恩的心。可惜事与愿违，青春期孩子往往以自我为中心，认为别人为自己做的都是应该的，沉浸在自己的小世界里，对他人漠不关心。

很多青春期孩子认为，接受父母给自己准备的一切是理所当然的。不少父母也不遗余力地爱自己的孩子，甚至超出了自身的能力，但他们的付出不仅没有换来孩子的感激，孩子还觉得自己不幸福，一有什么不如意就怨天尤人。

当父母为孩子付出了许多，收获的却是孩子的冷漠和自私时，相信所有父母都会感到吃惊和心寒：是谁让孩子变成了这样？为什么付出了爱却没有收到爱的回馈？爱孩子几乎是所有父母的本能，为此，父母倾尽所有，不求回报。然而，不少青春期孩子却把父母无微不至的关爱看成是天经地义，不懂得体谅父母，更不知道感恩。

面对这种情况，父母也许应该自我反省一下。爱的付出也是有讲究的，“不求回报”的爱并不一定就是好的，教会孩子感恩不仅是一种美德的要求，更是生命的一个基本要素。

不要让孩子觉得感恩是一件遥不可及的事情，在孩子夸口将来要如何回报父母的时候，可以告诉孩子，回报父母其实可以从现在做起，从小事做起，学会关心父母的健康，替父母分担家务劳动，不给父母惹麻烦，并把这些落实到具体行动中。比如，关心父母的健康，可以每天问候下班回家的父母；父母劳累时，主动给父母按摩或请父母休息一下；父母外出时，提醒父母不要遗忘东西或注意天气变化；父母生病时，主动照顾，给父母一些安慰和关心；等等。当孩子奉献孝心时，哪怕只是给父母吃一个水果，父母也不要轻易推辞，接受了，并且给予感激和赞赏，孩子才会有下一次的孝心举动。

有时父母也要学会“示弱”，让孩子有机会为父母做些事情。比如下班回家后，假装不舒服，让孩子帮忙拿拖鞋，请孩子倒杯水给自己喝……让孩子学会给予，懂得父母和别人的给予、帮助是一种“恩惠”，而不是理所当然或者欠他的。有时父母还要学会“计较”。比如孩子没有分一口好吃的给父母，没有记住父母的一个小要求，这些都是父母必须“计较”的小事。不要让孩子觉得父母对他一无所求，他根本不需要为父母做些什么。要让孩子明白索取是需要有所付出的，不能无条件地进行索取。

在孩子做了好事后，不管他是出于主动还是被动，也不管他做得是否令人满意，父母都要真诚地感谢他、赞扬他，让他觉得“幸亏有我出手帮助，事情才会这么顺利”，这样孩子一定会大受鼓舞。父母由衷的肯定，将成为孩子关心他人的动力。

阅读小贴士：

感恩不只是一种个性，也可以通过学习来获得。在学习感恩之前，我们不妨回想一下自己的经验，看看在每天的生活中，我们有多少次心中涌起感恩的想法？可以说少之又少。这是因为，我们总是习惯将自己的成就视为个人努力的结果，而忽略他人的帮助，因此，当结果与个人的努力画等号时，就很难心怀感恩。而通过下面的方法，我们可以将感恩的想法变成生活中的具体实践，甚至在每天的餐桌上就可以进行：

1. 回顾今天的生活，从中选择你感恩的人或事。

2. 描述你要感恩的内容，越具体越好（比如今天你遇到一件麻烦事，有同事主动询问并帮忙）。

3. 想象这种受到别人恩惠的正向感觉。

4. 将具体的内容与家人分享。

父母的示范会成为孩子学习的榜样。

7. 我同情别人，谁又来同情我呢

同情心是人类的高尚情感，是爱的最原始的表现形式，是善良的基石。青春期孩子是获得关爱最多的群体，他们应该在接受他人的爱的同时，学会关爱他人，长大之后再把这种美好的情感保存和传播下去，回报家人、朋友和社会。然而，媒体频频曝光的青少年虐猫、虐童事件，让人触目惊心。青春期孩子缺乏同情心，到底是谁的错？

下面是一位妈妈自述的经历："家里养了一只黄猫，平时我把它打理得干干净净，喂足了鱼肉，黄猫长得肥肥大大的，跑起来动作敏捷，叫起来声音洪亮。但 14 岁的儿子经常表现出对这只猫的反感，说自己不喜欢小动物。后来大黄猫生了 4 只小猫，儿子更是整天嘟囔说小猫太脏了。有一天，我正在做饭，儿子兴高采烈地说：'妈妈，小猫不见了！'我奇怪地看着儿子，并顺着他的视线往楼下一看，原来 4 只小猫都被儿子从阳台扔下去摔死了！看着小猫惨兮兮地躺在地上，我心疼得要命，可儿子不但对自己的残忍行为无动于衷，而且还有几分得意。难道是我的教育出了问题？我的孩子为什么这么冷漠无情？"

青春期是一个人性格形成的关键时期。父母要让孩子明白同情心是一种能够理解他人在特定情况下的感受、能够照顾他人感受的能力。如果孩子学会了同情别人，就能理解每个人都是独立的，都有不同于自己的想法和感受，从而想象出他人在特定情形中可能产生的情绪，能够安抚他人的情绪。比如，同情心强的人可能会主动给无家可归的人送棉被、衣服，而同情心弱的人即使小孩在自己面前啼哭也没有任何感觉。当孩子明白同情心是一种美好的情感后，就会乐于接受父母的引导。

父母培养青春期孩子的同情心要从身边的点滴小事做起。比如，看动物节目时，给他讲保护生命、珍惜生命的重要性；遇到乞丐时，鼓励他拿出零花钱；遇到捐款捐物的活动，鼓励他积极主动地参加。当然，孩子偶尔一次的爱心行为还无法转化为稳定的品质，他需要在父母的指导下，在现实生活中不断实践，才能将善良的行为变成良好的习惯和品质。

青春期的孩子有时还无法分辨哪些行为是善意的，哪些行为是自私、冷漠的，对此，父母应适时告诉孩子什么是善恶，鼓励孩子做出善举，强化孩子对同情的感悟。

同时，父母对孩子善良的行为要多多鼓励和表扬。实验发现，人们在做一些慈善行为时，大脑的奖励中心非常活跃。这说明，表达自己的同情心能够让心情变好，如果这时父母再趁势表扬、鼓励孩子，就会使他愉快的体会更加明显，从而获得好心情。在某种程度上，同情心的表达是为了获得社会的认同，当孩子有了社交需求后，他便会开始学着同情他人，以此赢得大家的认同。

8. 他(她)是我的偶像，请勿说他(她)的坏话

追星行为是指青春期孩子过分崇拜、迷恋影视明星和歌星的行为。青春期孩子追星已经成为一种普遍的潮流。在中学校园里，孩子们聊得最多的话题就是明星和偶像。这些少男少女，对明星们似乎有着一种天生的狂热。那么，这些青春期孩子为什么会成为追星族中的一员呢?

一是崇拜心理。不难发现，青春期孩子所追的明星，男的大多英俊潇洒、风流倜傥，女的则珠光宝气、美艳动人，这些都难免让青春期孩子羡慕、迷恋、崇拜甚至疯狂。

二是从众心理。在青春期孩子中，追星现象极为普遍，影响力也很大，那些本来对追星没什么兴趣的孩子，为了不被看作“落伍”，往往会不自觉地加入进去。

三是时尚心理。追星在不少青春期孩子看来是件很时髦的事情，只要有“星”可“追”就足够了。

事实上，无论是谁，都需要一个目标，榜样的力量是巨大的。正如“没有星星，宇宙将漆黑一片”一样，青春期孩子也需要榜样。明星偶像肯定是在某个领域取得了巨大成功才成为众人仰视的偶像的。但是，如果盲目追星，却会让自己的生活陷入无目的之中。所

以，对于青春期孩子盲目追星的行为，父母一定要及时予以纠正。

小鹏刚上初一，为了方便联系，父母专门给他买了一部手机。一段时间后，妈妈发现小鹏的学习成绩下滑了很多，而且每个月的话费也增加了不少。一开始，妈妈怀疑小鹏早恋了，后来通过各方面的了解，才知道小鹏迷恋上了著名歌星周杰伦，而能上网的手机就成了他每日的明星信息来源平台。无论上课还是下课，他都要在手机网络上“游荡”一番。

知道这些情况后，妈妈并没有斥责小鹏，也没有马上收回手机，而是上网全面了解了周杰伦的各种信息。

这天放学回家的路上，一家商铺里传来了周杰伦的歌曲《蜗牛》。小鹏不自觉地跟着哼唱起来，妈妈见状，抓住机会对他说：“周杰伦是一个积极上进，为梦想而执着的人，他既是歌手、词曲创作人，又是演员、编剧、导演和制作人，还是设计师、时尚顾问。你把他当作偶像，很有眼光。不过，你现在的任务就是努力学习，应该向他学习那些更适合现阶段的你借鉴的地方。”小鹏听了妈妈的话，若有所思地点了点头。周末，小鹏主动去理发店剪短了头发，而且开始认真学习了。

后来，妈妈从小鹏的一张书签上看到了《蜗牛》中的一句歌词：“我要一步一步往上爬，小小的天有大大的梦想……”

毫无疑问，在追星方面，孩子与父母往往有着很大的观念差异，这种差异很容易使亲子之间产生代沟，所以，父母哪怕不喜欢孩子追星，也不要全盘否定孩子心目中的偶像，而应在充分尊重孩子的基础上进行引导，让孩子从偶像身上汲取正能量，丰富完善自己的人生。在上述案例中，妈妈成功地运用了“名人效应”，利用孩子喜欢某位明星的心理，使孩子以明星为榜样，努力学习，积极进取。

父母还可以通过写作练习，引导青春期孩子以“我最崇敬的名人”为话题，谈谈自己的感受和认识，多角度地认识名人，发现名人丰富多彩的性格特点和内心世界，写出自己对名人的真切体验和独特感受，鼓励孩子有创意地表达，以了解孩子的内心世界及需要。

榜样的力量是无穷的，每个青春期孩子都需要学习的榜样，以此激励自己不断前进。父母要做的不是让孩子不再追星，而是让孩子树立正确的偶像观。比如让孩子阅读历史书籍，了解一些中外名人、伟人，熟悉更多的科学之星、艺术之星，发现身边的英雄、模范，学习平凡人身上的闪光点，做到德、智、体、美、劳全面发展。

阅读小贴士：

担心追星会影响孩子学习怎么办？

1. 了解孩子追星的原因，探查孩子背后的心理需求。父母可以想一想，除了追星以外，有没有其他满足孩子心理需求的方法，来取代花费大量时间与金钱的追星方式。

2. 客观记录孩子的追星行为，包括花费的时间、精力和金钱，这样才能更好地说服孩子。如果父母直接抛出自己的主观判断，双方很容易各执己见，即使父母是对的，孩子也不愿承认。

3. 了解孩子如何分析和看待学业受影响这件事。如果父母上来就责备孩子，很有可能会错失其他更重要的因素。同时，如果孩子并不认为自己的学习受到了影响，父母的责备就会激化矛盾，把孩子推得更远，不利于双方坦诚交流。

4. 平复自己的情绪，选择一个比较安静私密的环境，跟孩子谈一谈如何平衡自己的时间和精力，用一种更好的方式既实现对偶像的喜爱与支持，又保证自己的学习成绩。

第七章　青春期人际交往

——提高孩子的交际能力

孩子进入青春期后，将和不同的人打交道，需要从原来对自我的过分关注，转变为学会关心他人、具有同情心、懂得分享、合作、乐于助人等。这就需要父母不断地进行相关的教育和引导，帮助孩子培养高尚的品格、成熟的心智，为孩子成就卓越的人生打下坚实的基础。

1. 我表面上很孤僻，其实内心很火热

进入青春期的孩子，有时非常外向，不停地接收外来信息，急着尝试新鲜事物；有时却又像鸵鸟一样，喜欢“把自己的头埋起来”，不去理会外界的事情和变化，也不想参加外界的活动。在这本应活泼、开朗的年龄，孩子却有如此孤僻的表现，父母难免会着急，然而，有时父母越是着急，孩子就越表现出一副不急不忙的样子。父母鼓励他外出，他就说自己喜欢待在家里；父母让他多交朋友，他偏偏说自己不需要朋友。就这样，既没有朋友，也不外出，家里偶尔来了人，他也总把自己关在房间里不露面。

教育专家认为，青春期的孩子喜欢独自待着，也是一种心理正在迈向成熟的表现。这意味着孩子开始把自己的目光从外界转向自我，试图了解自己是怎么一回事，或者思考人生的价值和意义。这种意义上的“孤僻”其实是一种好事，父母应该予以尊重。

不过，有些青春期孩子表现出来的“孤僻”则令人担心不已，他们明显地排斥外界的人和事，总是压抑自己的情感，对任何事情都提不起兴趣，一味地把自己封闭起来。对于有这类表现的孩子，父母一定要予以重视，及时疏导孩子的情绪，帮助孩子走出孤僻。

首先，父母要鼓励青春期孩子走出家门，结交朋友。只有主动

与人交往，才能掌握交往的技能。比如让孩子去找朋友玩，邀请同班同学或邻居的孩子到家里做客，在朋友过生日时送上礼物，节日给朋友发送问候短信等。父母要告诉孩子对待朋友应慷慨大方、殷勤好客，比如帮对方做事、送礼物给对方、邀请对方看自己新买的书等。这样常来常往，孩子的朋友就会渐渐多起来。

一位妈妈在家长论坛中分享了自己的经验："我的儿子本来就有些内向，上了初中之后，我发现他更加喜欢一个人待着，很多时候看上去简直像是一个孤独症患者。我很着急，找到他们班几个比较活跃的孩子，请他们帮忙多约我儿子一起玩。这几个孩子都很善良，立刻就同意了。开始时，我儿子不大愿意，但他毕竟是个孩子，禁不住同龄人三番两次地叫，就去了两次。谁知就是这么两次很随意的结伴玩耍，让他体会到了交朋友是件多么开心的事情。他幽默、豁达、开朗的一面被挖掘了出来，他那几个同学也很喜欢他。现在，他的朋友越来越多，几乎每个周末都有人打电话叫他出去玩。他的状态也和从前大不一样了。我悬着的心终于放下了。"

嘴上说着不需要朋友的青春期孩子，往往最需要朋友。这个年龄的他们需要有人分享自己的心事，渴望与别人交流，可能只是因为在某段关系中受挫，暂时失去了信心而已。父母要做的就是帮助孩子找回信心。

对于严重自闭的青春期孩子，父母可以通过满足其爱好来帮助他走出自闭。很多时候，表面上自闭，似乎对所有事情都毫无兴趣的孩子，内心其实有着一个丰富多彩的角落，有自己喜欢的人和事，有自己的愿望。如果父母能够将孩子的愿望挖掘出来，并帮助孩子实现它，或许就能帮助孩子从自闭变得开朗。

如果孩子在交往的过程中与朋友发生了矛盾，父母要及时了解原因，帮助孩子分析问题所在，引导孩子自己去化解矛盾。

同时，父母还要给青春期孩子一定的自主权，让孩子在合理的范围内自己做决定，这样才有利于孩子的健康成长。对于青春期孩子如何选择朋友，父母不要干涉太多，否则可能会适得其反。

假如孩子长期处于孤僻、封闭的状态，父母要及时带孩子寻求专业帮助。现在很多人还不太接受看心理医生，认为这代表着自己精神有问题。实际上，每个人都有一定的心理问题，开始可能是很小的问题，如果不加以控制，最后可能会成为影响生活的大问题。千万不要认为孩子没有明显的症状，就对小问题视而不见。只有及时解决小问题，才能避免出现大问题。

阅读小贴士：

发展心理学中的4种同伴地位：

受欢迎的孩子——他们经常被同伴当成特别好的朋友，基本不会遭到同伴讨厌。

被忽视的孩子——很少被同伴当作好朋友，但是他们也不被讨厌。

被拒绝的孩子——很少被认为是谁的好朋友，并且大家都讨厌他们。

有争议的孩子——既被某些人当作好朋友，又被另外一些人讨厌。

在校园里，影响青春期孩子适应学校的关键因素往往是同伴关系，而不是学习。青春期孩子需要为同伴所认同，这种认同感可以减轻他们的不确定性、困惑和不安全感。

2. 你们跟我玩孤立，我到底错在哪儿了

每个孩子在父母眼里都是近乎完美的宝贝，可孩子在学校里究竟表现怎么样，有没有好人缘，是不是受欢迎？有没有听孩子抱怨过自己在学校被同学孤立，没人愿意跟他一起玩？不少青春期孩子在成长过程中有过被同学孤立的遭遇。在同学之中没有“好人缘”，被孤立，被排斥，也可以说是一种冷暴力，让孩子心里承受了巨大的压力。

小钰在班里和一位女孩很要好，两人几乎形影不离，无话不说。一起聊天的时候，那个女孩很喜欢议论别的女同学，小钰也就跟着说。比如，那个女孩说某某爱占小便宜，小钰就说：“对，上次她跟我借了两块钱就没有还。”那个女孩说某某很爱在男生面前卖乖，小钰就说：“对，那次我看见她跟一个男生说说笑笑。”

后来不知道什么原因，小钰和那个女孩产生了矛盾，两人闹翻了。出人意料的是，那个女孩来了个“恶人先告状”，把她们一起议论其他同学时小钰随声附和的话传了出去。结果，全班女孩都对小钰很不满，开始排斥她，不愿意和她一起玩。就这样，小钰被同学们孤立了，她在学校每天独来独往，没人和她说话，也没人和她同行，甚至有几个女孩还经常奚落、讽刺她。小钰为此十分难过，感到很孤独、很害怕，学习成绩也一落千丈。

青春期孩子大都害怕被孤立，希望有知心朋友，并且他们觉得同学之间、朋友之间更能互相理解，是自己的“同类”，不像父母，动不动就站在自己的对立面。一旦遭到孤立，孩子可能会变得更加自卑，心理阴影更难以抹去。以此，父母应该想办法帮助孩子改善现状。

首先，父母要教孩子从自己身上找原因，为什么同学会孤立自己，是自己做得不够好还是其他原因，如果实在想不明白，可以找同学问一下为什么孤立自己。找到原因后，可以向同学道歉，让他们知道你认识到了自己的错误并愿意改正。

同时，父母要学会处理孩子紧张、焦虑和失望的情绪，让孩子有安全感，知道有人理解他、支持他。如果家里养着宠物或有毛绒玩具，可以让孩子多和它们玩。这些拥抱和温暖可以让孩子不至于产生被抛弃的恐惧。

其次，强化孩子的优点。多鼓励多赞扬，使孩子逐步形成良好的自我意识，让他在潜意识里认识到：他是好孩子，他聪明能干，老师喜欢他，父母喜欢他，同学们喜欢他，他今后是要干大事的。有了这种强烈的自信心，这种偶然遇到的挫折自然不会造成什么不良后果。

再次，让孩子更清楚地认识自己。通过讨论、分析、图画心理投射等方式帮助孩子认识自己，了解自己和他人的关系，或者通过体验互动游戏的方式教会孩子处理与同学之间的误解、摩擦。

最后，帮助孩子展示特长。特长对孩子的交友很重要，父母有机会可以帮孩子展示一下，这有助于孩子赢得友谊。

如果孩子被孤立是因为性格的原因，比如孤僻、倔强，有些是从小形成的，很难改变，但是父母也要帮助孩子认识自己的问题，然后一点点地改变自己。

如果种种努力都无法改变孩子被孤立的状况，父母要告诉孩子：

（1）被排斥不是孩子的错，人们可能会因为种种原因去排斥一个人。人性是很复杂的，既有极端的善，也有极端的恶，且两种极端可以同时存在于一个人身上。被排斥不是孩子不好，而排斥孩子的人也并非“邪恶”的人。也有一些时候，一个人被排斥，仅仅是因为他真的不属于那个地方，他生来注定要到更广阔的世界去。这样想既能减少孩子自我的怀疑和苛责，也能降低他对未来人际关系的恐惧和愤怒。

（2）培养孩子对生活的合理预期。我们不可能在整个人生中都获得所有人的善待。如果被孤立了，不妨接受它，作为生活中不尽如人意的一个部分。把精力放在其他地方，可以帮助孩子心平气和地看待痛苦的经历。

（3）转移自己的注意力。当孩子被排斥和孤立后，不要反复去想这件事，而应转移注意力，糟糕的事情已经发生了，下次就不要去触碰它。如果还是遇到这种情况，那么能避开就避开，别让自己不开心就好。

阅读小贴士：

孩子会因为什么而拒绝其他孩子？

孩子6岁内的拒绝通常缺乏理性，比如只是因为不喜欢某个孩子的衣服，或者几个女孩玩耍会拒绝男孩加入，或者歧视被老师批评的孩子，甚至有时会因为某个孩子尿湿裤子而拒绝对方。

孩子6岁后，心智进一步成熟，会减少缺乏理性的拒绝，这时的拒绝大多数是出于怨恨、嫉妒、轻视和搞小团体。

判断孩子遭到拒绝是因为自身的问题还是外部问题，最好的标准是看其他孩子是否也遭到拒绝？孩子总是被同龄人拒绝，还是在班里有不错的人缘？

3. 团队比赛失利，凭什么怪我

社会属性是人非常重要的特征，每个人都是属于社会的一个个体，所以团队精神对现代人来说是非常重要的。到了青春期，孩子的成长其实就是不断提升自己对外部世界的适应能力。从这个意义上来说，孩子是属于社会的，他们终将走向社会，学会有所担当。

然而，现在很多青春期孩子在团队合作中的表现令人担忧，他们在学校里常常独来独往，没有集体荣誉感，即使合作也是有条件的。在闭锁性心理的影响下，一些青春期孩子会表现出集体观念淡漠、合作意识差等缺点。

一个初中男生在日记中写道："有一次，我们班去野外植树，全班同学分成几个组，每个组要植完 10 棵树。最初，我和班里的 3 个男生分在一组，我们 4 个人有的挖坑，有的挑水，有的插树苗，有的填土。干了一会儿，因为从来没有做过这么高强度的体力劳动，我觉得很累了，想撂挑子，瞅准时机就偷懒，能少干一会儿就少干一会儿，同组的同学都对我很有意见。后来他们经常奚落我，甚至有集体活动也不愿意让我参加。"

案例中的男生因为缺乏团队合作意识而受到同学的冷落，慢慢发展下去，对其心理会有很大的负面影响。缺乏团队合作意识的孩子，即使掌握了丰富的知识，具备了出色的技能，走上社会后，也会因为缺乏他人的帮助，无法与他人合作，难以融入社会。所以，父母应该引导和培养青春期孩子与人合作的意识，让孩子具备团队精神。

在日常生活和学习中，有很多事情仅靠个人的力量是无法完成的，这时就需要与别人合作。父母可以找一些需要合作才能完成的事情，让孩子自己去做，体验一下不能独自完成的挫败感，进而认识到合作的重要性。

一般来说，青春期孩子都有自己喜欢的体育项目，如足球、篮球、排球、跳绳等，这些活动既有团体之间的对抗与竞争，又有团体内部的协调与一致，有利于培养孩子的合作精神。父母可以和孩子一起进行各种体育运动，让他明白团队精神的重要性。很多教育工作者发现，在体育教学中有意识地培养孩子团结协作的精神，不仅可以提高学生学习的兴趣，还能培养学生的集体观念和集体荣誉感。有的体育老师将学生分成几个小组，选择需要互助合作才能完成的竞赛或游戏让学生比赛，比赛结束后分析获胜或失败的原因，让学生懂得只有通过良好的团队合作才能获得最后成功。

父母还要提醒孩子不要错过班集体的活动，并让他在老师的带领下做好自己分内的事情，与班里的同学建立融洽的关系。同时，孩子和要好的伙伴之间也可以组成小集体，进行一些小活动，比如拼装模型玩具、做小实验，这些活动更需要孩子具备合作精神，否则容易使大家不欢而散。

为了培养孩子的合作精神，父母要给孩子足够的时间，与同伴分享玩具、一起交谈、一起出去玩耍、一起做游戏、一起做作业。在这个过程中，可以让孩子与同伴共同完成一个任务，进而提高孩子与人交往的水平。把任务分成几个部分，但每个部分都要互相牵制，使孩子们必须通过必要的交往和协调才能完成。这种活动有利于培养孩子的合作意识，还会使孩子有一定的集体意识，促使他们竭尽所能地完成工作。

父母要经常给孩子灌输这样一种思想：任何人都有他的长处，要善于发现别人的长处，学会真诚地欣赏别人。人无完人，切不可因为别人有这个缺点或那个毛病，就嫌弃、疏远对方。学会关心别人，是形成合作能力的前提，而合作能力则是市场经济条件下生存与竞争能力的重要体现。

一般来说，成功的合作可以让孩子产生良好的体验，而这种体验可以带给孩子无穷的乐趣，进而促进孩子的合作意识和合作行为。我们都熟悉的拔河竞赛，便是让孩子们尽力通过合作去战胜对方。如果孩子一时没有取胜，父母不要责怪孩子，而应让孩子明白，成功的合作不一定要达到现实的目标。虽然有些合作的结果是失败的，但是，在合作的过程中，参与者都尽了自己最大的努力，同时，每个参与者都感到非常愉快，这就是一种成功的合作。

阅读小贴士：

青春期闭锁心理的主要特征是趋于关闭封锁的外在表现和日益丰富、复杂的内心活动并存同一个体。具体表现为以下10个方面：

1. 原先“滔滔不绝”“言无不尽”，现在却变得“沉默寡言”。

2. 以往喜欢打斗嬉闹的，变得时常沉思、静想；以往喜欢结伴群体活动的，常常会有离群、独处的愿望。

3. 渴望有不受他人干扰的独立小天地，极力争取独用的房间、橱柜，哪怕有一个抽屉也好，并希望上锁。

4. 在没有别人要求的情况下，自觉地记日记。有的每天记，有的有事记，有的定期记。

5. 认为自己的信件、日记、电话，无论内容是什么，都有权保密，是神圣不可侵犯的。

6. 对父母、师长的依服、顺从、亲密感淡漠了，对他们的言行经常感到厌烦，对他们的管教十分抵触。

7. 碰到尴尬的事，不再像以往那样不假思索地向别人张扬，而经常采用独立思考寻求解决的方式。

8. 经常有莫名的孤寂和烦躁感，情绪波动大。

9. 自我省度和自我评价的内心活动丰富，对别人的评价十分敏感。

10. 渴望交友，尤其是倾心交谈的，但又很难找到这样的挚友。

4. 分享使人快乐，但分了后我拿什么享受呢

伟大的文学家托尔斯泰说过：“神奇的爱，会使数学法则失去平衡。两个人分担一个痛苦，只有一个痛苦；两个人分享一个幸福，却能拥有两个幸福。”生活中的很多快乐和幸福都是可以分享的。在分享中，孩子可以学会宽容、大方、热心；在分享中，孩子可以明白如何关心他人；在分享中，孩子可以知道如何更好地与人相处。

玲玲是一个聪明可爱的女孩，却有一个不肯与人分享的坏习惯。在家里她是绝对的权威，但凡属于她的东西，即使是父母也不能动一下。比如，父母给她买了点心，然后对她说：“玲玲，给我们尝一点吧？”玲玲一定会一口回绝。家里要是来了客人，玲玲就如临大敌，绝不允许客人碰她的东西。

生活中有太多像玲玲一样不懂得“分享”的青春期孩子，这也难怪，如今的孩子大多是家里的独苗，被家人捧着护着，属于他的东西从来不需要分给别人，不属于他的东西也会有父母长辈千方百计为他弄来。尽管开始只是一只苹果一个梨，但滴水可以穿石，在这种环境中成长的孩子，进入青春期后渐渐变得凡事以自我为中心、自私自利、斤斤计较，难以与人和谐相处，更谈不上与人分享、合作。

在教育专家看来，分享中包含着宝贵的平等与博爱思想。而让青春期孩子学会分享，对于培养孩子的合作能力也至关重要。而合

作能力恰恰是孩子社会化过程中的重要一环。

在初试分享的过程中，孩子可能会有挣扎和忍耐，但当他体会到分享给别人带来的愉悦、给自己带来的满足时，就能慢慢理解分享的真正含义，形成分享的意识，发自内心地与人分享。

为了改掉青春期孩子的独占欲，父母要做好表率，比如做了好吃的点心分给朋友尝尝，大方地借出别人需要的物品，经常主动地关心和帮助别人，这些行为都在无声地告诉孩子应该学会分享。

在教育青春期孩子学会与人分享的时候，父母既要教孩子学会分享，还要自己也学会分享孩子的东西——而这一点往往被父母所忽视。很多父母宁可自己受苦也不愿让孩子吃苦，把好吃的、好玩的、好用的全都放在孩子面前。他们在思想上也会担心孩子成为一个不知道关心别人的冷血儿，在行为上却不会与孩子分享。在一个家庭中，经常发生这样的一幕：孩子诚心诚意地请父母一起吃东西，父母却坚决推辞，说："你吃，妈妈不吃！""爸爸不喜欢吃油炸的东西，也不喜欢吃甜的东西。"就这样，孩子与人分享的好意被父母给扼杀了。慢慢地，孩子养成了吃独食的习惯，谦让与分享的美德被抛到了九霄云外。

当然，父母要记住是引导而不是强迫孩子分享。每个人都会有不愿意与别人分享的宝贝，孩子也一样。有些东西可能是孩子特别喜欢的，也可能是孩子认为重要的人送给他的礼物，对他来说有特殊意义。总之，父母在提倡孩子与人分享的同时，也要允许孩子有不和人分享的宝贝，而且要让孩子懂得珍惜自己的宝贝。当别的孩子来家里玩的时候，父母要允许孩子把他认为重要的宝贝藏起来，不与其他人分享。如果父母强迫孩子把所有东西都与人分享，反而会激起孩子的逆反心理，让他做出不恰当的行为。

当孩子有了分享的行为和慷慨的举动后，父母要给予表扬。孩子在得到肯定后，往往会更加投入，这将有助于良好习惯的强化和巩固。

5. 那些太格式化的礼仪，让我感到厌烦

有人说："礼貌不用花钱，却能赢得一切。"礼貌的本质是表达一种敬意和友好，是一个人道德修养的体现，是从内到外的自然流露，而不是一种技术。懂礼貌的青春期孩子即使不是最出众的，却可能是最受欢迎的。

懂礼貌是一种素质，它不是与生俱来的，也不是父母不培养、不教育，孩子就能学会的。因此，父母应该重视孩子的礼貌教育，同时还要改变"学习好则百好"的观念，不能对孩子过于迁就和宠爱。要知道，一个不懂礼貌的孩子，长大后很难赢得他人的好感，更难获得良好的人际关系和合作伙伴。

这里如此强调礼貌待人的意义，并不是为了强调礼貌的实用价值。所以，父母如果想让孩子成为一个真正懂礼貌的孩子，就要让自己的教育动机变得单纯一些。人们常说："先做人，再做事。"让青春期孩子懂礼貌就是着眼于做人，只有让孩子学会了怎样待人，孩子才能真正学会怎样为人处世。

马蓉是一个高中生，但对人情世故毫无概念。有时家里来了客人，她穿得很邋遢，见了客人也不打招呼，说话语气总是冷冰冰的。有一次，妈妈的几个同事来家里做客，走的时候问妈妈："我们来是

不是打扰你女儿学习了，看她的样子好像很不高兴……”妈妈赶紧解释说女儿读书读成了书呆子，不懂礼貌，让同事们不要在意。其实妈妈心里感觉很尴尬，也很苦恼，不知道应该怎么引导女儿学习一些基本礼仪。

一般来说，对于青春期孩子的文明礼貌教育，主要分为两个方面：

一是语言文明。在日常生活和学习中，父母要教育孩子不说粗话、脏话，尽量使用文明语言，比如“请”“您好”“谢谢”“对不起”“没关系”“再见”等；并要求孩子做到“三会”，即会使用尊称，对长辈不直呼其名，不给他人起外号，会使用谦让语，如“对不起”“没关系”“麻烦您”等，会在一定场合使用问候语，如“早上好”“晚安”“再见”等。

二是行为文明。其中又包括交往行为、环境行为两种。交往行为包括见面或分手时打招呼、握手，与人交谈时眼神、体态和表情要体现出对对方的尊重。跟别人说话的时候，眼睛要看着对方，这也是一种礼貌的表现。环境行为要求遵守公共秩序和社会公德，如爱护公共卫生，不随地吐痰，不乱扔纸屑果皮；穿着朴素大方整洁，头发干净整齐；不打架骂人；待人态度热情和蔼；遵守交通规则；乘车时主动购票，给老幼病残孕妇及长辈让路让座，不争抢座位；购物时排队；爱护公共设施、文物古迹；观看演出和比赛时，不起哄骚扰，做文明观众；在学校里主动和师生打招呼、问好，课堂上专心听讲，参加活动遵守纪律，同学之间不随便起绰号，帮助照顾同学等。

为了鼓励和强化孩子的礼貌行为，父母要留意孩子的行为，及时对孩子的表现做出评价。这是刺激孩子学会礼貌的最佳催化剂。客人在时，父母对孩子的良好表现可以表扬、鼓励；客人走后，父母可以肯定孩子做得好的地方，同时指出不足以及今后需要注意的地方。值得注意的是，如果孩子在接待客人时出现了失误，如打碎茶杯、弄脏饭桌等，父母千万不要当面批评，要保护孩子的积极性，重动机轻结果，原谅孩子因为缺乏经验而出现的过失。

即使孩子表现得不礼貌，也不要在大庭广众之下直接批评孩子，而要以正面的引导说服为主，批评为辅，千万不要责骂孩子。

如果孩子的不礼貌已经成为一种常态，父母也不必过于焦急，亡羊补牢，犹未晚矣。首先要让孩子练习正确的行为，比如孩子没有说“请”字，就让他用“请”字讲10句话，还可以把“对长辈讲礼貌”列入孩子一天的行为规范之中，如果孩子做到了就给予表扬，坚持下去一定会有效果。其次是采取适当的惩罚措施。比如孩子不改变行为，就不能玩自己喜爱的游戏；如果他在家庭聚餐时坐不住，以后就不能参加聚餐。

好习惯的养成，不是靠嘴上说说就可以，必须通过不断的练习才能形成。在告诉孩子什么是礼貌之后，父母要创造条件，让孩子在多次重复的基础上，自觉地去做，习惯成自然。

阅读小贴士：

教育孩子分享的时候，父母容易产生的错误认知：

1. 把分享当成一种道德品质来要求孩子。有些父母会以“小气”“不肯分享”来指责孩子，然而，这不但不利于孩子学会分享，还会让孩子不知不觉地往父母所说的方向发展。没有人天生就乐于分享，随着认知能力的发展和逐渐的社会化，孩子才渐渐有了分享的意识。

2. 不尊重孩子的物权观，逼孩子分享。孩子的分享行为是建立在自身物权的基础上。换句话说，孩子先明确了“这是我的东西”的概念，才逐渐懂得与人分享。只有懂得珍惜自己的物品，维护自己的权利，孩子才会懂得尊重别人的物品，并学会与人分享。如果强行要求孩子分享，将不利于孩子物权观的建立，还会导致孩子抵触分享。

总之，让孩子学会分享虽然重要，但也不要刻意把孩子“训练”成一个过度分享的人，否则孩子连自己都照顾不好，也会失去主动分享的愉悦感。

6. 不搭理你们的闲言碎语，是我有胸怀

随着孩子慢慢长大，接触的人越来越多，总会碰到一些对他不友善的同学、朋友，可能是言语上的冒犯，可能是态度上的不友好，也可能是处理问题时的不公平。这些不友善的对待，是对青春期孩子的挑战，也是对父母的挑战。

程芳刚刚转学到新学校，对即将开始的新的学习和生活充满了新鲜与好奇感，但没想到一进入这个新的环境，同学们就给她来了几个下马威。班上有个漂亮女生，家境好，学习也很好，在同学中间很有人缘，她首先宣布："刚来的女同学太土了，我不喜欢她！"马上有几个女生跟着说："我也不喜欢！""穿的衣服太土！"

面对这些不友好的言语和举动，程芳很伤心，回到家里闷闷不乐地问妈妈："为什么她们都不愿意和我做朋友？"妈妈说："一个女孩子要学会宽容大度，用善良感动别人，不能斤斤计较。"听了妈妈的话，程芳没有对说自己坏话的同学过多计较，还在她们需要的时候帮助她们。不久，同学们都改变了对程芳的态度，渐渐地，她的朋友越来越多。

遭遇不友善的对待，是很多青春期孩子成长过程中的重要经历。人与人之间的接触本来就伴随着冲突和矛盾，关键在于如何面对和

处理这种来自他人的敌意。青春期孩子自我意识强，渴望获得外界的认可，一旦遭遇敌对，往往容易采取相同的方式去对抗，结果引发更严重的争执，甚至冲突。

对此，父母不能袖手旁观，应适当加以引导。青春期孩子的价值观还不成熟，判断力还处在未成形的时期，这时，父母给予的正面引导越多，孩子受到的正面影响就越多，也就会逐渐形成正确的价值观。所以，当孩子遭遇不友善的对待时，父母应教导孩子以善意进行回应。在这一点上，父母一定要做出表率，自己先接纳、先原谅、先主动表示友好，并尽可能提供帮助。父母的态度和做法，会让孩子明白，在人际交往中可以运用“黄金法则”，即你希望别人怎样对待你，你就要怎样对待别人。

有的时候，孩子面对的不仅仅是不友善，还可能是不公平的对待，比如身体上的伤害、言语上的侮辱等。这时，父母要教导孩子，涉及价值观及自尊的时候，应坚持真理，不人云亦云，勇敢面对别人不公正的嘲笑与讥讽，让孩子形成勇敢、积极、乐观的性格，坦然面对人生中种种不公平的待遇。

最重要的是，父母要让孩子明白，家就是有爱、有温暖的地方，在任何时候、任何情况下，家的大门永远都为他敞开，当他遇到任何不公平的对待，会有父母做他的坚强后盾。

在孩子遇到不友善时，一位妈妈是这样做的：“我和丈夫花了很多精力和时间在家庭上，我非常庆幸，当女儿遇到困难时，她愿意第一时间寻求父母的帮助。我经常对女儿说，我们是同一战壕的战友，在一起就有力量。女儿曾经在学校受到别人的言语攻击，我鼓励女儿尽可能多地聊聊事情的来龙去脉，然后和她一起分析，并且出谋划策。第一，同学之间出现一些问题是很正常的事情，关键是如何面对；第二，谈谈爸爸妈妈小时候类似的经历，让女儿感到自己并不孤单，原来爸爸妈妈也有过类似的经历，从而让她更有信心去面对。”

人的一生难免会遇到挫折，对于青春期孩子来说，这种不友善便是一种挫折，也是宝贵的人生财富，它会让孩子变得更加强大！

7. 朋友的秘密，打死我也不能说

青春期的友谊难能可贵，青春期的孩子之间总有着说不完的话题和秘密，而为他人保守秘密，是青春期孩子必须学习的一门功课。

小雅和小薇都是初二的学生，两人还是非常要好的朋友。小雅对班里身材高大的体育委员颇有好感，总是有意无意地想与他多说话。她还悄悄地把这件事告诉了好朋友小薇。她觉得这让自己感到很快乐，每天都和小薇说着自己心目中的“白马王子”，同时要求小薇替自己保守秘密。

不久，小雅感觉背后老是有人对自己说三道四，而她心目中的“白马王子”也开始故意疏远和躲避她。小雅隐隐感觉到有什么对自己不利的事情发生了。有一次，她偶然间听到别人的议论，才知道班里所有同学都知道了她暗恋体育委员。而这件事她只和小薇说过，无疑是小薇把她的秘密公之于众的。她一气之下，断绝了和小薇的来往。

生活中，总有些小秘密是人们不愿公之于众的，当有一天有人把这些秘密当作话题肆意传播、扩散时，可曾想过会给当事人带来什么影响？嘴巴不牢折射出的是人品，失去的是别人的尊重和信任。

很多人都有过这样的经历：他们在6～7岁时就学会了不要提前泄露送给妈妈的礼物。研究者发现，保守秘密有助于增加一个人的吸引力。正如英国文学家奥斯卡·王尔德所说："最常见的事物，只有当你把它藏起来的时候才会叫人高兴。"

所以，知道了朋友的秘密后，一定要守口如瓶，控制传播的欲望，否则将失去所有的朋友。同样，对于自己的秘密，也尽量不要告诉朋友，这样既不会打扰朋友的生活，也能够少惹一些麻烦。

父母要让青春期孩子明白，交流情感、彼此帮助是朋友的价值所在。我们都希望能拥有一个互相理解的朋友，当我们痛苦、悲伤或者苦恼的时候，可以得到朋友的理解和帮助，或者听我们倾诉烦恼和苦闷。同时，我们又不希望这种信任和依赖被打破。

因此，青春期孩子要学会为朋友保守秘密，也尽量不要去打听朋友的秘密。不管什么时候，面对任何人，都不要随意讲出朋友的秘密，即使它是一个正常的、无害的也无关道德的秘密。因为这不仅是对友谊的尊重，更是一种表达诚信的方式。

即使不小心知道了朋友的秘密，也应该管住自己的嘴巴，替朋友保守这些秘密，千万不要透露给别人，就让它们留在心里好了。否则，你在朋友心目中的形象就会受到影响，也会失去朋友的信任。管住了自己的嘴巴，也就杜绝了祸患的根源。

阅读小贴士：

为什么有的人总是守不住秘密呢？一方面，说出秘密能够宣泄情绪，因为秘密一般隐藏着惊喜或者令人难过的事情，而这些情绪积压在心里，会给心理带来很大的压力，所以多告诉一个人，就等于减轻了心理压力。另一方面，说出秘密是自我暴露的一种社交技巧，通过分享秘密可增进友谊，拉近人与人之间的距离。两颗一起"八卦"的心，更容易互相接受和认可。

8. 做人要低调，高调使我频频出丑

古希腊哲学家苏格拉底说过：“谦虚是藏于土中甜美的根，所有崇高的美德由此发芽滋长。”青春期孩子如果成绩优秀或某些才能比较突出，便会经常受到父母和师长的表扬。而过多的表扬很容易让孩子产生骄傲情绪，使他不能正确认识自己，满足于眼前取得的成绩，而且看不到别人的成绩。同时，骄傲自大的孩子很难和同学友好相处，因为他不能做到平等相待，总是以高人一等的态度对待同学或喜欢指挥同学，同时也听不进去同学善意的批评，常常处于盲目的优越感中。

晓培从小生活条件优越，在家里是父母的宝贝，要什么有什么；在学校因为成绩优秀，成了老师和同学们心目中的“学霸”。良好的家庭环境，父母的疼爱，老师和同学的赞美，使晓培不自觉地产生了一种优越感，觉得自己天生比别人优秀。

父母也为有一个聪明帅气的儿子而感到骄傲，经常在别人面前夸奖晓培。渐渐地，晓培越来越自负，觉得自己高人一等，谁也比不上自己。在家里只要一不顺心，他就对父母发脾气；在学校只要取得好成绩，他就自鸣得意、沾沾自喜，甚至对老师的话不屑一顾。父母开始为晓培的自负感到苦恼。

自信与自负往往只有一步之遥。自负是以超越真实自我为基础的一种自傲态度和情绪体验，是一种不良个性。

青春期孩子产生骄傲情绪往往是有原因的，父母应该首先分析孩子骄傲的原因。一般来说，导致青春期孩子骄傲自满的原因有以下几个方面：

首先，优越的家庭条件容易使孩子滋长虚荣自傲的心理。父母要观察给予孩子的物质条件是否过于优越，导致他产生了骄傲自满的心理。要让孩子明白，物质条件的优越并不能证明他的能力，也无法真正赢得他人的尊重。

其次，孩子的自我评价意识发展较差，不能客观地评价自己，也不能客观地评价别人。其骄傲自大常常是因为过高估计了自己，只看到自己的长处，并拿自己的长处去和别人的短处相比。这就要求父母在评价孩子时要客观全面，不能只看到孩子的优点，还要指出其不足之处。对优点要表扬，但要适度。提醒孩子看待自己的成绩要实事求是，认识到老师、父母、同学的帮助以及一些客观条件的促进作用，不能把成功完全归功于自己，并因此沾沾自喜。

当然，想让自负的孩子学会欣赏他人并非易事，所以父母要在日常生活中从点滴做起，帮助孩子克服自负心理，比如学会宽容、学会倾听、尊重与理解他人、关心爱护他人等。可以让孩子给同班的每一位同学都写出三个优点，并当面给予赞扬。当孩子跳出狭隘的自我圈子后，自负心理也会悄然隐退。

有的时候，父母还可以对自负的孩子进行挫折教育。比如对孩子提出更高要求，安排难度更大的任务，让孩子尝一下失败的滋味，清楚地看到自己能力的不足，体验需要别人指导和帮助的感觉。

父母切忌一味地表扬孩子，否则容易使孩子产生骄傲自满的心理。即使表扬，也要注重表扬孩子的某种行为，而不是表扬孩子本身。同时，表扬要以精神鼓励为主，物质奖励为辅。过多的物质奖励会让孩子产生畸形的满足感，进而沾沾自喜、高傲自大、忘乎所以，甚至产生不思进取的心态。

阅读小贴士：

如何在培养青春期孩子谦虚和建立积极的自我价值感之间正确地使用否定？

在培养孩子谦虚品质的过程中，父母难免会有些过度——哪怕孩子表现很好，父母心里很高兴，由于担心表扬会让孩子骄傲自满，于是习惯用否定的方式来激励孩子继续努力，争取更好的表现：“你还不是第一名，不要满足。”“你这科还没有得满分，还要继续努力。”“这是你会做的题目，却丢分了，你本来可以得更高的分数。”“某某的成绩比你好多了，你要更加努力。”孩子听到的只有父母的否定和打击，长期如此，将造成孩子的低自我价值感！

对于父母来说，正确的做法是：当孩子获得成绩时，如实地肯定孩子，不夸大，不贬低，让孩子与自己对比，哪里有进步，哪里有不足，还需要继续努力。否定、批评孩子，是因为孩子确实有做得不对的地方，而不是为了避免孩子骄傲而刻意进行否定。否定时，要明确告诉孩子期望他达到的目标，如何做出努力，这样孩子才不会感到沮丧，还能看到明确的方向。

9. 帮助同学后得到感谢，让我心里暖暖的

教育学家指出，青少年和谐的人际关系主要表现为以下几个方面：乐于与人交往，既有稳定而广泛的人际关系，又有知心朋友；在交往中保持独立而完整的人格，有自知之明，不卑不亢；能客观评价别人和自己，善于取人之长补己之短；宽以待人，乐于助人；交往态度积极，交往动机端正。

乐于助人是人际关系和谐的重要表现之一。每个人的生活都不可能一帆风顺，都可能需要别人的帮助，所以，在人际交往中，乐于助人也是一个人有亲和力的具体表现。在现实生活中，帮助别人往往能让青春期孩子获得成就感。

一个初中男生在作文中写道："我今年 14 岁，是一个乐于助人的男孩，我喜欢帮助同学、朋友、邻居、长辈。记得有一次上美术课，老师叫我们画一幅四季风景图，还特地叮嘱我们一定要涂上颜色。老师话音刚落，同学们就埋头狂画，十几分钟后，许多同学都画好了，讨论着应该涂什么颜色。这时我也画好了，刚从书包里拿出水彩笔，就发现同桌一副愁眉苦脸的样子，原来他忘记带水彩笔了。我立即拿出自己的水彩笔盒，说：'我们一起涂颜色吧。'后来别人都画完了，我们两个还在涂色，但是我很高兴，因为我帮助了朋友，做了一件有意义的事情。"

现在很多青春期孩子独享着父母的爱，没有与人分享过，习惯了接受帮助、照顾和关心，不懂得帮助别人和感恩。这样的孩子自私冷漠，没有朋友，长大以后也很少能得到别人的帮助。

任何一种优秀品质的形成，家庭氛围的熏陶是其中最为重要的因素。乐于助人的父母，总是想别人之所想，急别人之所急，在别人有困难的时候及时给予帮助，和邻居、同事、朋友都相处得非常融洽。孩子生活在这样的家庭中，自然会向父母学习，主动去帮助需要帮助的人，做自己力所能及的事情。比如为邻居或者同学做点有益的事情，照料宠物，做饭，教更小的孩子做游戏……这些都可以培养孩子乐于助人的品质。当然，孩子刚开始做这些事情也许会害羞，不主动，父母要鼓励他，有时甚至需要强迫他，但只能是温和地强制，否则会适得其反。

有些父母经常抱怨："孩子长这么大了，从来没有想过要为别人做点什么，就知道接受别人的帮助。""我儿子在学校人缘很差，班主任说他为人冷漠，不爱帮助别人。""我儿子学习很好，有人借他的笔记本，他回家就抱怨，说没有义务帮助别人。我也不知道该怎么说服他。"

不爱帮助别人的青春期孩子，性格中往往带有一些冷漠和自私，这与父母的教育方式也有一定的关系。这种孩子往往人缘不好，父母要注意引导，帮助他慢慢改正缺点。比如，让孩子帮忙择菜、做家务，并向他表示感谢，还可以让孩子帮周围的人做些事情，让他感到自己有能力去帮助别人。与孩子沟通时可以问他一些问题：当你需要别人帮助的时候，你是什么样的心情？是怎么想的？接受你帮助的人对你是什么态度？通过引导，帮孩子树立乐于助人的观念，让他知道帮助别人是一件快乐的事情，也是培养良好品质的一个重要方面。

当然，乐于助人也是需要讲究技巧的，它要求青春期孩子善于理解他人的处境、他人的情感和需要，随时去支持别人，关心帮助别人，同时又要给人留有余地，不伤害他人的自尊。比如帮助朋友，不要揭朋友的伤疤，不要附加任何条件，不能要求一定要有回报，不要大肆宣扬，闹得人尽皆知……

当孩子帮助别人之后，父母要主动和他交流一下感受，了解他从中学到了什么，并对他的出色表现给予肯定和表扬。还可以为孩子的成长小小庆祝一下，比如出去吃一顿大餐、给他买一件礼物等，以这种方式告诉他："你做得很对，要坚持下去！"

父母还可以鼓励孩子将自己助人的事情记录下来，包括时间、地点、具体事件以及感受等。假如父母也一起参加了，可以用相机帮孩子记录下来，并把照片汇集成册。日后回顾这一切的时候，孩子会对此感到自豪。

但是，父母也要让孩子知道，不是所有的忙都能帮。比如有两个孩子在打架，其中一个请人帮忙，这个忙就不能帮了。打架本来就不好，如果有"第三者"帮忙，一定会忙上加忙。所以要告诉孩子，不要去帮倒忙，不要因为去帮助人而伤害到别人或自己！

阅读小贴士：

对于乐于助人的孩子来说，自己的帮助是否让别人舒服，是否是别人需要的，这是他们需要考虑的一个问题。这种性格的孩子身上似乎装有一个敏锐的雷达装置，随时能够侦测到别人的需求。满足别人的需要并且得到期望中的回报和反馈，是他们最大的成就感来源；与此同时，他们也很害怕遭到别人拒绝，这一方面会伤害他们的面子，另一方面则会折损他们的私心——帮助别人以获取爱。尽管他们乐善好施，但他们也会自以为是，这时他们往往会变得以自我为中心，失去理性。

另外，值得父母注意的是，这种类型的孩子经常以别人的需要为主，而忘记了自己真正的需要，也不愿向别人说出自己的需要，因为他们担心这样做会削弱自己在他人心目中的地位。

10. 老师为什么总表扬他（她），我哪里不如人

青春期孩子有了升学的压力，渐渐明白了竞争的重要性，而且常常不自觉地与他人进行比较。一旦发现自己在才能、相貌或家庭条件等方面不如别人，就会产生一种羡慕、崇拜、奋力追赶的心情，这是上进心的一种表现。但有的青春期孩子因为心理发展尚未成熟，对自己各方面的能力认识不足，遇到比自己能力强的人时，很容易产生嫉妒心理。

青春期孩子的嫉妒具有明显的外露性，有时还具有攻击性、破坏性，如果不加控制，任其发展，就会产生一种扭曲心理——心胸狭窄，喜欢看到别人不如自己，并喜欢通过排挤他人来获得满足感。

眼看植树节就要到了，为了让这个植树节更有意义，爸爸准备带萧萧去郊外植树。萧萧为此很兴奋，但当爸爸建议“邀请你最好的朋友——你的同桌——一块去”时，萧萧的笑容就凝固住了。爸爸见萧萧没有回应，就又问了两次，萧萧很不耐烦地说：“我才不想跟她一块去，我现在很讨厌她！”爸爸很纳闷：“你们关系不是很好吗？是不是闹矛盾了？”萧萧不屑一顾地说：“我才不跟她吵架呢，谁会跟那种人吵架？”说完，又轻声嘀咕了两句：“老师怎么总是表扬她啊？她有什么好的？”爸爸这下听明白了，原来是萧萧的嫉妒心在作怪。

嫉妒虽然是一种较为普遍的正常情绪反应，对青春期孩子的身心发育却会产生不可忽视的负面影响，影响到他的人际交往，更会给他的内心带来折磨和痛苦。

法国文学家巴尔扎克曾经说过，嫉妒者比任何不幸的人都更为痛苦，因为别人的幸福和他自己的不幸，都将使他痛苦万分。所以，对于青春期孩子的嫉妒心理，父母要及时进行疏导和排解，帮助孩子认识到嫉妒的危害，以积极的心态和同学交往。

家庭成员之间团结友爱、互相尊重、谦逊客让的环境气氛，是预防和纠正青春期孩子嫉妒心理的重要基础。父母首先要检查自己的思想言行，看看家庭成员之间是不是经常相互贬低、诋毁？父母本身是不是嫉妒心较强，并且不善于在孩子面前克制情绪？父母是否频繁地将孩子跟别的孩子比较？

对此，父母要学会接纳孩子的个性与缺点，正确评价孩子，既让孩子了解自己的缺点，也要充分肯定孩子的优点。当然，父母可以把各方面比较优秀的孩子，当成孩子学习的榜样，但一定要向孩子说明："我觉得他的方法不错，也许你可以学习一下他的方法？"当孩子取得成绩时，要及时肯定："爸爸为你感到骄傲，你比上次进步了很多。"让孩子跟自己比，为自己的进步而骄傲，这是纠正孩子嫉妒心的好方法。

同时，父母要让孩子明白，每个人成功的背后都有着无数辛酸，是不断总结失败教训才取得成功的，不要一味去嫉妒别人的成就。对于想要的东西，要靠自己的努力去获得。可以和孩子一起分析别人获得成功的原因，看看能否从中总结出什么经验，让孩子理智地接受自己暂时不如别人的现实，同时又不丧失努力的信心。

有时我们会发现，有一定能力的孩子反而容易产生嫉妒心理，因为他有能力，但却没有受到注意和表扬，于是对受到注意和表扬的孩子产生嫉妒。对此，父母在纠正孩子嫉妒心理的同时还必须培养孩子使其养成谦逊的美德，让孩子明白即使别人没有称赞他，他的优点仍然存在，如果继续保持他的长处，并虚心学习别人的长处，他的能力就会更强，从而真正地、长久地得到大多数人的喜爱。

对于嫉妒心强的孩子，父母要让他明白，嫉妒不会使人进步，反而会使人因情绪而蒙蔽自己的双眼，阻挡自己前进的脚步。与其嫉妒别人，不如将它当作前进的动力，当自己比别人做得更好时，也就没有必要嫉妒了。

阅读小贴士：

青春期孩子的7种不健康心理：

1. 忧郁——由于种种原因，青春期孩子会出现闷闷不乐、愁眉苦脸、沉默寡言的现象。如果孩子长时间处于这种状态，父母应给予充分重视。

2. 狭隘——即斤斤计较，心胸狭窄，不能容人，也不理解别人。对小事也耿耿于怀，爱钻牛角尖。

3. 嫉妒——当别人比自己好时，表现出不自然、不舒服甚至怀有敌意，更有甚者竟用打击、中伤手段来发泄内心的嫉妒。

4. 惊恐——对环境和事物有恐惧感，如怕针、怕暗、怕鬼怪。轻则心跳厉害、手发抖；重则睡不着觉、失眠、梦中惊叫等。

5. 残暴——有点小事自己不高兴，便向别人发泄，摔摔打打、骂骂咧咧；有的则以戏弄别人来寻开心，不尊重别人。

6. 敏感——即过敏、多疑，常常把别人无意说中的话、不相干的动作，看成是对自己的轻视或嘲笑，并因此喜怒无常，情绪波动很大。

7. 自卑——对自己缺乏信心，认为自己在各方面都不如人家，无论在学习还是生活中，总把自己看得低人一等。

11. 冤冤相报何时了，我决定原谅他（她）

报复心理是指在社会交往中以攻击方式，对那些曾给自己带来挫折、不愉快的人发泄怨恨和不满的一种情绪体验。有报复心理的青春期孩子并不少见。

吃过晚饭，何莉收拾完桌子开始扫地，扫到儿子房间门口的时候，她听到儿子在里面声音激动地打电话："大牛，你明天叫两个人，我非得教训一下那小子不可！让他尝尝我的厉害，看他还敢不敢在我回答问题的时候取笑我！"何莉心里一惊：儿子这是要打架吗？为了那么小的事情，儿子竟然蓄意报复同学，值得吗？

青春期孩子十分敏感，加上课业负担重，有的承受了比较大的精神压力，当遭到他人的嘲笑、讽刺、欺负时，他们的消极情绪无法缓解，便会在心里积压，产生报复情绪。一旦找到机会，他们就会把之前累积的报复情绪全部发泄出来。

在青春期孩子的打架斗殴事件中，有很大一部分是为了报复别人。那些报复的理由，往往让人哭笑不得：不是对方在食堂里踩了自己一脚，就是对方在打球的时候撞到了自己；有时甚至被对方多"看"了两眼，也会引起一场报复大战。这些所谓的"报复"理由，让很多父母觉得既可笑又担心，笑孩子未免太过幼稚，担心孩子因此而犯错、受伤害。

对于青春期孩子来说，报复心理不但会对报复对象造成各种不良影响，而且会对自己的心理健康造成危害。如果任由孩子的报复心理继续发展，他的心胸会越来越狭窄，很难与人相处。

所以，父母要及时关注孩子的情绪变化，帮助孩子疏解精神压力，使其报复心失去生长的土壤。

首先，父母要宽容对待青春期孩子的错误行为。现实中，有的父母对孩子过于严厉和粗暴，教育孩子缺乏耐心，导致孩子不理解父母的教育意图，不知道自己错在哪里，在心里积压下报复情绪。而且有的父母过于注意在某些细小事情上对孩子的教育，也容易导致孩子斤斤计较。基于此，父母应用宽容的态度对待孩子的错误行为，平时尽量抽时间陪伴孩子，一起游戏，一起读书，营造比较轻松的环境，让孩子即便遇到不开心的事情，也可以向父母倾诉，不会把报复情绪积压在心里。另外，父母在教育过程中应注意方式方法，避免直截了当的批评，更要杜绝严厉、粗暴的态度。

其次，父母要让孩子明白，在人际交往中，冲突是无法避免的。人生是一个漫长的过程，只有团结友爱、宽容谦让，才能享受到快乐。“爱人者，人恒爱之；敬人者，人恒敬之。”遇到挫折或不愉快时，不妨换位思考，将自己置身于对方的境遇之中，想想自己会怎么办，这样或许能理解对方的苦衷。只有设身处地、以心换心，才能真正理解、宽容别人，从而摒弃报复心理。

孩子和人发生不愉快后，应该建议孩子通过沟通化解矛盾：如果对方是故意的，父母应帮忙分析一下情况，引导孩子用写日记、跑步、到无人的地方大喊等方式来发泄心中的不满；如果对方的行为已构成人身伤害，父母要鼓励孩子采取合理手段来维护自身利益，若自己无法解决可以向父母和老师求助。

对于报复者而言，报复是一种精神煎熬，会让自己的心理更加阴暗。父母应该多和孩子沟通，提醒孩子想一想：报复会不会受到人们的谴责，会不会触犯法律，会不会受到对方更强烈的反报复，使孩子意识到报复的危害性，及时消除报复心理。

第八章　青春期安全指引

——躲开人生陷阱，为孩子安全护航

著名童书作家郑渊洁曾经说过：安全是父母对孩子的最大梦想。青春期既是孩子从儿童走向成人的过渡期，又是塑造三观的黄金时期，也是极易误入歧途的危险时期。在资讯极具发达的当下，不良诱惑、色情、暴力等各种负能量难以避免，这时，青春期的孩子尤其需要学校、家庭乃至全社会的关心与呵护，给他们营造一个健康、有爱的成长环境，让他们成为家庭的骄傲、国家的栋梁。

1. 风险无处不在，还需掌握些自救知识

生活中总会有一些意外发生，诸如地震、火灾、交通事故等，那么，遇到这些突发险情，青春期孩子应该如何自救，逃离危险呢?

露露和琳琳都是高中一年级的学生，她们住在同一个小区、同一个楼层。两人几乎形影不离，是名副其实的好朋友。一天深夜，她们所住的楼层有一户人家发生了煤气爆炸，大火瞬间燃起，整个楼层乱成一团。露露被惊醒后，立刻动员家人用湿毛巾捂住嘴和鼻子，还指挥爸爸把被子淋湿，先背着奶奶下楼；随后，她和妈妈一起从火海中冲了出去。最终她们一家人都平安无事，顺利脱险。而琳琳被大火和人们慌乱的叫喊声惊醒后，下意识地抱起被子就从窗户往下跳，结果把双腿都摔断了。

上例中，琳琳原本很有希望顺利脱险，但是她在面对突发险情时，无法镇定地应对，缺乏必要的安全常识，结果受到了很大的伤害；而露露的表现则显示出她对火灾安全常识的了解，在遭遇突发情况时能够镇定地应对，勇敢地指挥家人，使全家顺利逃生。

可见，父母要在日常生活中注意培养青春期孩子的自我保护意识，教会他必要的安全常识，引导他从容应对突发险情，保护自身安全。比如，随手关水龙头；不要触摸电线和开关；一旦有煤气泄

漏，应马上关闭煤气总开关，并打开门窗通风，绝不可在此时开关任何电器，以免引发火灾；手不要放进正在转动的电扇里，以免被割伤；发生火灾时，用湿布捂住鼻子逃离现场，等等。还要教会孩子拨打紧急电话，如110、119、120等；懂得一些基本的医学常识，如急救的方法等。

对于生活中不会轻易遇到的安全隐患，父母可以通过讲故事、做游戏、收看电视新闻等方式让孩子得到启发，日后遇到类似问题，孩子才能从容应对。还可以利用电视教育媒体创设多种情景，让孩子学习自我保护的方法，比如举办家里或教室里着火后怎样做最安全等情景活动，通过老师、父母的正确引导，增加孩子的自保经验。另外，还可以开展一些自保实践活动，比如地震时如何逃生、怎样包扎伤口、怎样灭火等，有效提高孩子的自我保护能力。

青春期孩子往往对枯燥的说教没有兴趣，父母可以增加孩子了解相关知识的途径，比如利用周末带孩子去看相关的科教电影，通过电影里生动的讲解和案例，让孩子了解遇到危险应该如何自救；也可以给孩子买一些相关书籍，让他在阅读中积累相关知识。

阅读小贴士：

地震逃生十大法则：

1. 躲在桌子等坚固的家具下面。
2. 摇晃时立即关火，失火时立即灭火。
3. 不要慌张地向户外跑。
4. 将门打开，确保出口。
5. 户外场合要保护好头部，避开危险之处。
6. 在百货公司、剧场要按照工作人员的指示行动。

7. 汽车靠路边停车，管制区域禁止行驶。

8. 务必注意山崩、断崖落石或海啸。

9. 避难时要徒步，携带物品应在最少限度。

10. 不要听信谣言，不要轻举妄动。

2. 树立安全意识，才能远离危险

一天，小飞和同学约好了一起打篮球，但是他因为玩游戏忘了时间。为了及时赶到篮球场，小飞决定骑自行车前往，不料半路上自行车漏气，而且附近也没有修车的地方，小飞心急如焚。这时，一辆大卡车朝他这边驶来。他脑中灵光一闪，想到了一个好主意。只见他以最快的速度骑车靠近大卡车，从后面一手抓着车厢，一手稳着车把，就这样，大卡车拖着他飞快地跑了起来。

眼看马上就要到篮球场了，小飞松开了手，没想到自行车因为惯性失去了平衡，他重重地摔倒在地。他刚要爬起来，后面驶来的一辆汽车直接把他撞倒了。等他醒来的时候，发现自己正躺在医院里，他的小腿骨折了。小飞知道，都是因为自己没有遵守交通规则，才会发生这样的事情。从此以后，他再也不敢违反交通规则了。

在这里，我们可以把规则看作安全和危险的界限。这个界限，我们永远都不能逾越，否则很有可能出现意想不到的后果。比如，乘坐电梯时，按电梯的时候不要按太多次，也不要用力去按；不可以在电梯内蹦跳或打闹；如果电梯突然停止，不可硬掰电梯门，而应拨打电梯内的应急电话，在等待救援的时候听从救援人员的指挥；乘坐电动扶梯时要扶稳站好，及时下电梯。

除了将红灯停绿灯行、街道转弯处要小心、走路靠右靠里、走人行横道这些基本常识教给孩子外，父母还可以给孩子看一些交通事故的视频，起到警示提醒的作用。

走散是青春期孩子安全出行的最大问题，所以父母要了解如何预防和应对走散。旅游前对孩子进行安全教育，告知其走散后应向哪些人求助、在哪些地方等待（告诉孩子不要乱走，首先电话联系父母，然后在原地等待或者在特定地点等待，如厕所门口）。

孩子自己出去玩要提醒他将目的地告诉父母，这样父母才知道他去了哪里，跟谁在一起。当他没有在约定的时间回家时，父母才知道怎么去找他。如果什么都不知道，那就无从下手了。

外出和朋友玩耍的时候，父母要提醒他守规矩，讲礼貌，不争不抢，安全玩游戏，避免发生不必要的争执和打闹。同时，警告他危险的地方不要去，危险的游戏不要玩，比如不要到设有防护栏、警示标牌的自然结冰的江河、湖泊、水塘、水池等处玩耍，防止发生破冰溺水事故。

为了防止暴力犯罪，对于青春期女孩，父母还要提前告诉她以下内容：事先告知父母自己要去哪里，并请父母晚上来接自己；将见面地点定在人多而且光线明亮的地方；避免前往空地和光线不好的街道；和普通熟人相处时保持谨慎；避免和陌生人长时间谈话；穿宽松的衣服和鞋子，不要穿过于暴露的衣服；带上一些自我防卫工具（哨子、喷雾）；如果决定逃跑，就迅速地逃跑；如果打算去别人家做客，提前告诉父母；做客时举止要得体，不要喝含酒精的饮品。

现在有很多针对孩子的暴力伤害事件，父母要让孩子养成走路不戴耳机的好习惯，这样既有利于自身的安全防护，也能够方便及时地捕捉周围的危险信息。一旦发现周边有异常情况发生，应采取以下措施：

一是迅速逃离危险区域。快速判明情况后，迅速奔向安全地带，越远越好。判断清楚危险的方向，选好逃跑的路线。一定要避免低头乱窜、跑向死胡同之类的地方。扔掉身上的书包、水壶等不必要的物品，以免影响逃生的速度。

二是就近选择安全的地方躲起来。如果不能迅速逃离现场，要就近选择安全的地方躲起来，如商店、宾馆、饭店、民居等。很多孩子从小受到的教育是不能够随便闯入别人家中。记住，当危险来临的时候，应当不顾一切地寻求庇护。

三是保持冷静。千万不要哭，要学会冷静应对。把门反锁，并远离窗户，躲到屋外边的人看不到的地方，如门后、桌子底下、床底下等，迅速把手机或电话手表调到静音状态。在确定没有危险的情况下，偷偷用微信或短信等不会发出声音的方式，向家人和朋友求救，再由家人或朋友向警察报警。切记不要发出任何声响，保持警惕，注意周边的状况。

四是等待救援。危险发生后用不了多长时间，警察就会赶到现场。这时，如果孩子正在逃跑途中，要迅速跑向警察寻求保护；如果正在躲藏过程中，那么不要听到响动就急急忙忙地往外跑。要知道警察赶到现场后的首要任务，不是抢救伤员，而是制服犯罪嫌疑人，消除危险状态！所以要等到警察现场处置完毕，确认安全以后，再从躲避的场所出来，寻求警察的帮助！

3. 为了不再遭受校园欺凌，我只好选择忍让

近年来，校园暴力时有发生，而且有愈演愈烈的趋势，给原本宁静祥和的校园蒙上了一层阴影。其中以高年级学生欺负低年级学生最为常见，通常是索要财物，一旦对方不能满足自己的要求，便拳脚相加。

青春期孩子遭受的校园暴力事件更是逐年增加，在现实生活中，一些性格较为软弱、自卑、人际关系不好的孩子比较容易受到欺负，他们会因为对方一句威胁的话，比如“你敢告诉家长（老师），我就要你好看”等，而选择忍气吞声，不敢向任何人说起。

校园暴力对青春期孩子的危害，除了身体的创伤、心理的恐惧，还可能造成孩子心理扭曲。它会给青春期孩子一种不良暗示——邪恶比正义更有力量，武力比智力更有价值。于是，有的孩子就会找自认为“更厉害”的人来保护自己，从而结交不良少年。

另有调查指出，在学校受到欺负的孩子会比其他孩子更容易患上抑郁症。从事这项研究的研究人员指出：“被欺负的孩子不但容易有心理疾病，而且这些疾病让他们更容易受欺负。”

最近，正上初中二年级的琪琪表现有些奇怪，频繁地向家里要钱，父母问她要买什么，她又不说，还经常找各种理由不去上学，

比如“肚子疼”“头疼”等。起初父母以为琪琪只是有些厌学，就耐心地劝说了几次，她又去学校了，因此父母也没有太过在意。谁知某天回家，妈妈突然发现琪琪手臂上有伤痕，新伤旧伤都有。妈妈以为是她在哪儿磕破的，但是看她那闪烁其词的样子，又感觉另有隐情。

在妈妈的再三追问下，琪琪终于说出了实情，原来学校里有几个高年级的学生总是欺负她，还找她要钱，倘若没钱就打她，还不准她告诉父母。她害怕见到他们，于是就撒谎不去上学。

校园暴力最可怕的地方在于，它普遍存在，却很少被意识到。成年人总觉得孩子的世界很简单。现实中，当孩子说自己在学校被欺负的时候，也经常会听到父母说：“小孩子打架，多大点事。”殊不知学生时期是孩子最质朴的时候，也是最容易受伤害的时候。在孩子的世界里，善意与恶意都是赤裸裸的，不加修饰，不计后果。

父母平时应多和孩子沟通，提高对孩子的关注度，留意孩子身上是否有解释不通的伤痕，是否有没来源的生理不适，是否有文具或者随身物品损坏，是否成绩下滑拒绝上学，是否突然变得不爱说话拒绝交流。当发现孩子遭遇校园暴力时，父母要先了解情况，告诉孩子可供选择的自我保护方法，并及时与学校联系，共同商讨对策，必要时还可寻求法律的保护。及时留取证据，如伤痕的照片（必要时去医院做鉴定）、被损坏的物品（有可能会成为警方取证的素材），然后报警，请警察帮忙处理和解决。在解决的过程中，要争取自己应有的权利，让孩子感受到公平。还给孩子一个纯真、快乐的世界，是每个父母的责任。

心理学家认为，在受到欺负之后，一味地忍让、回避是不行的，这时应该自尊自强，才能获得尊重。父母应该教孩子正确处理人际关系的办法，比如当面问问对方欺负自己的原因，平时在班里注意和同学搞好关系，如果再发生此类事件，可以告诉老师和父母，以正当的方式面对面地解决问题。

父母千万不能冲动行事，以暴制暴，否则可能会给孩子造成不必要的二次伤害；也不要责怪孩子无能，而要安慰孩子：不好的事情终究会过去，一切都会变好。可以给孩子买些书，带孩子看电影、听音乐会、去旅游，给孩子买一些手工模型等等，逐渐转移其注意力，赶走心理阴影。

另外，父母要树立孩子自我保护的意识，培养其坚强的性格。中国人民公安大学从事犯罪心理与青少年心理研究的李玫瑾教授曾经说过，校园欺凌是一个世界性的问题，几乎所有国家都存在这种现象，所以我们能做的只有预防，让孩子加强锻炼，学一些防身术，不主动欺负他人，但也不能随便被别人欺负。

在美国的一个公益广告中，一个学芭蕾的女孩因为个子矮小站在第一排，结果在排练过程中，她总是被后排的一个小姑娘故意绊倒。她向父亲倾诉自己的苦恼，父亲对她说，如果那个小姑娘再这样做，你要回击，这不是教坏你，而是善良的正义。女孩照父亲的话做了。果然，后排的小姑娘和其他人都不敢再对她使坏了。

父母要避免让孩子成为校园暴力的受害者，也要教导孩子不要成为施害者。如果发现孩子有欺负他人的情况，父母必须和学校保持合作，了解孩子的行为与原因。很多父母得知孩子欺负别人时，要么严厉地教训斥责，要么否认抗拒，严重影响家校合作的基础，甚至破坏亲师关系，影响孩子在学校的权益，而且无法帮助孩子改善行为。所以，父母在与老师密切合作的同时，还要向孩子表明自己的态度，让孩子知道父母不容许他有欺负别人的行为。事先说明你对孩子出现校园暴力行为的处罚方式（要避免任何形式的暴力体罚），比如禁止使用电子产品，减少孩子的某些福利，如零用钱、周末出游、衣服饰品、电话费用等，这些能在一定程度上减少孩子的暴力行为。有的时候，当父母对孩子的暴力行为表现出伤心或失望的神情，对孩子已经是一定程度的处罚。但是，如果亲子关系本来就存在问题，这将影响父母处理问题的效果，因此，处理好亲子关系是一个重要前提。

4. 把他(她) 当“老大”，他(她) 可“罩着我”

对于青春期孩子来说，交到什么样的朋友，很可能关系到今后人生的成败。青春期是学会人际交往的关键时期，也是性格、品德形成的关键时期，父母们都担心孩子在外面交上坏朋友，影响学习和生活。有些父母担心地说：“万一孩子和社会上的不良少年混在一起，被他们带坏怎么办?”“我儿子最近成绩不断下降，就是因为和一些外校的孩子学会了逃课、打架，这样下去他的人生不就完了?”

父母们的这种担心并不多余，孩子进入青春期后，往往有强烈的交友欲望，希望开拓自己的“小圈子”，向朋友倾诉成长中的烦恼，并展示自己的能力。但是，青春期也是特殊的，孩子身体逐渐发育成熟，而心理方面却仍然像小孩子，分辨是非的能力很弱，不懂得该如何选择朋友，很容易为了追求一时刺激，而接近有坏习惯的不良少年。

但是，青春期孩子绝对不会认为自己的朋友“很坏”，有的孩子还会因为父母干预自己交友而心生不满，认为父母不理解自己。

这段时间，黄先生发现儿子小霖总是偷拿自己的烟。一天，他悄悄跟随小霖出了家门，发现他把烟分给了朋友，几个人一起在路边学抽烟。小霖回家后，黄先生直截了当地问他：“你为什么要抽烟?”小霖见爸爸知道了，便不再隐瞒：“我学抽烟，是不想让别人觉得我幼稚。”黄先生问：“谁觉得你幼稚？”小霖说：“我的朋友。他们都会抽烟、喝酒、打架，就我不会。”黄先生听了并没有责怪小霖，而是语重心长地说：“你认为抽烟、喝酒和打架是成熟的表现吗？恰恰相反，这些都是很幼稚的行为。你应该有自己的判断，不要为了耍酷而染上恶习，那些因为你不抽烟、不打架就排斥你的人，根本不算是真正的朋友。”小霖听了爸爸这番话，陷入了沉思。

孔子把朋友划分为益友和损友，正直、宽容、知识渊博的朋友被定义为益友，而脾气暴躁、心术不正、优柔寡断的朋友则被定义为损友。父母首先要把正确的择友观念告诉孩子，使其拥有良好的自我判断能力。在孩子的交友问题上，父母最重要的是信任孩子，而不是简单套用自己的价值观，一味地苛责和呵斥。

为了防止青春期孩子染上不良行为，父母应该留心观察，一旦发现就要及时制止。如果发现孩子与品行不端的人来往，首先要了解原因，比如孩子可能是想赢得他人的关注，或者不想被人欺负等。通过了解孩子这些心理层面的需求，父母可以引导孩子通过其他正当手段来实现需求。当孩子通过自己的努力得到成就感、体验到自我价值时，也就明确了是非观。

很多时候，单纯的说教往往缺乏说服力，父母可以让孩子看些相关报道和案例，并和孩子一同探讨，让孩子从鲜活的案例中看到沾染恶习、交友不慎所带来的严重后果，主动远离那些不良伙伴。

注意，父母不能用打骂的方式逼迫孩子与损友“绝交”。打骂是一种很极端的方法，往往会事与愿违，把孩子向外推。父母应当冷静下来，不要急于否定和批评孩子，可以和孩子多交流，鼓励孩子与父母分享他和朋友之间的故事，通过孩子的描述，选择适当的机会告诉孩子哪里做得不对。这样做，孩子会更容易接受父母的意见，也可以拉近亲子关系。

5. 今天要替哥们儿出气，我心里其实挺害怕

青春期是一个人自我意识发展的第二飞跃期，青春期孩子开始在情感、行为、观点上出现改变，在个性上会表现出主观偏执性。一方面认为自己是对的，听不进别人的意见，另一方面又认为别人会用挑剔的态度看待自己，加上他们在这个阶段的情绪发展很不平衡，并且不再盲目崇拜权威，学会了质疑，父母和老师的榜样作用在一定程度上被削弱了。他们很容易招致长辈的不理解，在成长过程中有很多困惑，所以特别期待得到他人的认同，而朋友关系可以满足他们内在的心理需求，于是有点像“抱团取暖”的意味。

但是，青春期孩子的价值观尚未成熟，对发生在自己身边的事往往没有清醒的认识，缺乏独立判断的能力，有严重的从众心理。他们会因为电视、网络中“江湖义气”的误导，整天把“够哥们儿”“够义气”挂在嘴边，其实并不懂什么是真正的“义气”，只是一味地寻求伙伴的认同。有时为了所谓的“哥们儿”的友谊，他们还会做出一些让自己后悔的事情，事后也不明白自己到底哪里做错了，反而认为自己做得对、做得好。在他们眼中，只要对方能够为自己去打架，就是“义气”的表现。

徐辉是初二的学生，他有两个比他年龄大一些的“铁哥们儿”，

一个是本校的初三学生王宁，另一个是辍学开网吧的宋航。他们三人十分要好，不管谁对他们中的一人“不敬”，另外两人都会义无反顾地“报仇”。一天下午，王宁告诉徐辉，他们的班长因为白天值日的事情和他吵了起来，还把这件事报告了老师。徐辉一听，马上表示一定要帮王宁出这口气。

当天，徐辉、王宁和宋航各拿了一把西瓜刀，气势汹汹地来到学校，在图书馆找到了正在看书的班长，并将其骗出校园。班长毫无防备地跟着他们走出校门，马上被他们团团围住。他们不容分说地拳打脚踢起来。王宁的同班同学看见后，急忙上前劝阻，结果被他们用刀刺中胸部，在送往医院途中停止了呼吸。班长也因动脉大出血而生命垂危，后经抢救脱险。一个月后，徐辉、王宁和宋航三人在潜逃中被抓获。在“义气”的驱使下，三个正值青春期的孩子一时冲动，合伙持刀行凶，结果触犯了法律，不仅伤害了无辜的人，也断送了自己的前程。

世界上有一些东西表面相似，实质却相反。比如跟坏人坏事勇敢斗争与欺负老幼妇孺、办事机灵与昧着良心骗人、友谊与义气、英雄与亡命徒等，这些都是好坏分明的两端。但在实际操作中，如果缺乏分辨能力，就很容易走向极端，犯下严重的错误。

青春期孩子因为分辨是非的能力不强，自我控制能力也很差，有时为了追求所谓的“酷”和“刺激”，他们会结交“社会上的朋友”。在他们心目中，这些朋友绝不是坏孩子，而是很讲“义气”的好朋友。这时就需要父母的引导，让孩子知道什么是真正的友情，以免孩子因交友不慎而误入歧途。

父母有责任让孩子知道，所谓的“哥们儿义气”并不等同于友谊。友谊是人与人之间的真挚情感，是有原则的、理智的、清醒的，而所谓的“哥们儿义气”是不分是非、不讲原则的。没有原则的“义气”会让人做出蠢事。不辨是非、不顾后果地为朋友两肋插刀，这不是真正的友谊，更不是真正的“义气”，既害人又害己。

如果仔细观察，父母不难发现，讲究“哥们儿义气”的孩子一般是因为缺乏老师、父母的表扬和鼓励，才和性情相投的孩子“混”到了一起，从好哥们儿那里获得认同感。所以，为了不让孩子盲目地讲究“哥们儿义气”，父母要给孩子足够的理解和支持。当孩子从父母这里获得认同感后，父母也就成了他最亲近的朋友，亲子关系也能够得到改善。

青春期孩子往往认为，表现英雄情结最常用的方式就是用武力替朋友出气。对此，父母要告诉孩子：“冲动起不了任何作用，这样做反而会帮倒忙。朋友有难，应该倾力相助，但是一定要选用正确的办法！”朋友之间，有了困难和危险可以相互帮助，有了烦恼和忧愁可以相互倾诉，但友谊是有一定的原则和界限的，无论大家的关系有多好，所做的事情都不能超过道德和法律的底线。

父母还要告诉孩子，英雄气概是一种正义的力量，一种勇敢的精神，而绝非逞匹夫之勇。比如下水营救溺水者，在公交车上见义勇为抓小偷，都是英勇的行为，但为了替朋友报仇而打架则是完全错误的，即使赢了也不能算是“义气”，更不能算是英雄。

当然，培养孩子的是非观念需要一个过程，父母要以鼓励为主。当孩子取得进步时，要进行表扬和奖励，使孩子获得精神上的满足和感情上的愉悦，巩固已有的进步。即使孩子做错了，也不应惩罚他，而要进行严肃的批评，耐心和孩子说理。

阅读小贴士：

“义气”一词有两种解释，一是指刚正之气，二是指忠孝之气。然而，如今在不少人眼中，“义气”一词的含义已经发生了畸变，狭义地成了“为朋友两肋插刀”。其实，义气是讲原则的，如果不辨是非、不顾后果地迎合朋友的不正当需求，这种义气就是一种无知和盲从，是与现代文明社会极不相容的。人之相知，贵在知心。如果一个人与心术不正的“朋友”纠缠不清，就可能陷入一个不辨是非的迷魂阵，害人又害己。

6. 时刻保持警惕，我让坏人无机可乘

俗话说："害人之心不可有，防人之心不可无。"接触陌生人的问题，近可以影响孩子的安全，远可能影响孩子的一生。社会上的坏人不能杜绝，很多情况我们也无法避免，只能教会孩子自我防范和保护的意识。

在这方面，哈佛女孩刘亦婷的母亲的做法值得我们参考借鉴。

从上幼儿园开始，妈妈就告诉婷婷，妈妈不会委托任何人以任何理由来接她，所以，不管谁打着妈妈的幌子来接她，都不能跟着走。为了让孩子重视这件事，妈妈还设计了很多"演习"，让婷婷识别各种可能的骗局。

从小学二年级起，婷婷就独自坐公共汽车上学，一天来回 4 趟。在这个过程中，妈妈还是很担心，为了提高婷婷的警惕性，妈妈经常用报纸杂志上拐卖妇女儿童的案例做教材，分析骗子常用哪些骗术，被骗的人自身又有哪些弱点容易上当受骗。分析之后，妈妈把避免意外的原则归纳为两条：一是危险的地方不去，二是不贪图任何"好处"。

在父母的反复强调下，婷婷很早就懂得了保护自己。中午的时候，因为父母忙于工作，通常是婷婷一个人在家。为了防止意外，

妈妈给她做了一项硬性规定：独自在家时，不给任何人开门，对于自称是服务维修的人员，也告知对方等父母回来再说。

青春期的孩子天性善良，自我防卫意识差，尤其当陌生人求助时，他们通常会热情地帮助对方，这一点往往被居心叵测的坏人利用，从而导致危险发生。

对此，父母首先要建立一个安全人员名单，告诉孩子，只有安全名单上的人可以完全信赖，比如爸爸妈妈、爷爷奶奶、姥姥姥爷等。对安全名单以外的人，都是“别人”，即所谓的“陌生人”。

现实生活中，当陌生人放着那么多成人不去求助，而向一个孩子求助，那肯定是别有用心。那些居心叵测的陌生人惯用的伎俩就是，在孩子面前装出一副着急的样子，谎称自己遇到了什么麻烦，需要孩子的帮助，然后再利用孩子的善良找机会下手。

对此，父母要教会孩子慎重应对“陌生人搭讪”。注意与孩子进行相关的模拟训练，并且让孩子看一些相关的案例。这比单纯的说教式教育更容易让孩子接受。

父母要告诉孩子，乐于助人自然值得表扬和鼓励，但对陌生人一定要时刻保持警惕。如果遇到陌生人问路或要求带路，一定要和对方保持一定距离，最好告诉对方：“不好意思，我不知道，你可以去问问那边的叔叔阿姨!”

父母也要告诉孩子，独自上学或放学时，如果遇到陌生人搭讪，不要理会，但也不要激怒对方。可以观察一下周围有没有本班或者本校的同学，如果有的话，要尽快与这些同学在一起；如果没有，可以尽量向周围的路人靠近，这样有助于打消陌生人的不良企图。

孩子只有增强自我保护意识，不轻信陌生人的话，才能在脱离了家庭的“保护罩”后，依然知道如何保护自己。

7. 输了今天还有明天，活下去就有希望

如今，青春期孩子自杀的事件并不少见，事情发生后，人们习惯于从学校、老师、父母那里寻找原因，似乎每一个自杀的孩子都一定有具体的理由，比如：家庭不和睦，老师没收了手机，上兴趣班太累，学业出现问题，同学关系有裂痕，受到同学欺负等。但是，追根究底，造成青春期孩子自杀的最大原因，是内心的孤独以及对未来的无望。他们还太小，不能像成人那样，为了未来而努力，为了未来而付出，他们看不到那么遥远的事情，对他们来说，当下就是全部的生活。可是，当下的生活里，没有父母的理解，老师不容易亲近，知心的朋友也不多，生活单调无趣，挫败感远比成就感多得多。于是，在面对学习压力、生活压力或外部批评时，一旦孩子感觉不到自我及其价值，便会试图通过自杀来进行“对抗”或实现“解脱”。

2016 年，四川高三学生艾某，因高考未取得理想成绩，在 6 月 23 日与父亲发生争执后外出，并给母亲发了一条短信：“妈妈，对不起，我走了。”随后投河自尽。民警在调查走访的过程中发现，该同学生前就已有自杀倾向。

初二学生小玥性格比较内向，学习成绩较好。2016 年 3 月 10 日

上午，小玥因学习问题和父母发生矛盾，吵了一架，随后离家出走，溺水身亡。现场发现的遗书称：“世界我来过，我走了，爱所有善的人。”

在发布最后一条微博“我爱你，可是我们再也不能在一起了。晚安！哭一通后明天又是一个新的开始”后，沈阳音乐学院附属中学的一名高二女生，在放暑假的前一天，选择在寝室结束了自己的生命。

导致青春期孩子自杀的原因多种多样，而其中最根本的原因是现在的很多孩子以自我为中心，心理承受能力差，经不起挫折，缺乏责任意识，缺乏对生命的尊重和敬畏。

中国青少年研究中心家庭教育首席专家、研究员孙云晓认为，青春期是个心理和生理剧变的“惊涛骇浪期”，这时候的孩子矛盾多又封闭，尤其当这种内部的变化与外部环境发生冲突时，极易引发极端行为。外部环境主要是指人际关系，包括亲子关系、师生关系、同伴关系。同伴的欺凌、老师几句尖刻的话等，都有可能引发危机。

从家庭教育的角度来说，为了孩子能够健康、快乐地成长，父母一定要时刻关注孩子的心智发展和身心健康。

心理学上有一种观点：孩子的问题都是父母培养出来的。生活中，有些父母恨不得全身心扑在孩子身上，因此忽略自己的发展、兴趣，为孩子辞掉工作的人不在少数。这种父母往往一切以孩子为中心，一方面满足孩子的各种物质需要，盲目地付出，忽视孩子需要承担的责任；另一方面，他们对孩子又带着强烈的期望，在孩子的人生规划中处于绝对的主导地位，忽视了孩子自身的特点及其真正的愿望。一旦孩子不如他们愿时，他们往往会埋怨、抱怨，对孩子说：“我为了你能有个好的生活如何辛苦工作，为了你能好好学习操碎了心，为了……”诸如此类的话，给孩子的心理造成了很大压力，使孩子在生活中总是看父母脸色行事，内心毫无安全感。

有的时候，孩子已经向父母暗示或明示自己遇到了问题，但是父母并没有加以重视，认为这些都是小孩子的情绪，于是敷衍了事。但孩子会觉得，当前的问题就是自己遇到的最大的问题，而父母却懒得理会，是不是因为不重视自己、不爱自己。

孩子的事情，从来无小事。为了避免悲剧发生，父母要密切关注孩子的情绪和行为变化，在孩子情绪、语言、行为、人际交往方面出现重大变化时，及时、主动、积极地与其进行沟通，给予宽松的表达空间，努力理解和感受孩子的内心世界，给予切实可行的支持和帮助。平时父母要主动和老师联系，了解孩子在学校的表现，不能将所有责任推给学校，自己心里要清楚家庭应该在孩子的教育中起主要作用。

在孩子遇到挫折时，应及时对孩子进行开导，使其尽快走出阴影。这种引导或沟通应该是真诚且没有距离的，不能一味要求孩子按照大人的心意去生活，凡事要和孩子协商。

总的来说，只要父母多一些理解，多一些支持，少一些指责，帮助孩子养成有效解决生活中出现的各种问题的习惯，就能预防孩子走向极端，避免悲剧发生。

阅读小贴士：

具有自杀倾向的青春期孩子，身上往往有以下特质：

1. 解决问题的能力薄弱。美国学者比较了77位企图自杀的少女、39位精神困扰者和23位没有受困扰者的解决问题的能力，结果表明，企图自杀的女孩在面对困难时，表现出薄弱的解决疑难的能力，为了停止痛苦，她们选择自杀。

2. 无助、无望、孤独。通过观看电影或者他人的经历，青春期孩子容易被传染上无助情绪，他们相信：无论自己做什么都永远无法成功。

3. 情绪抑郁，无法表达情感。学者使用 BDI（贝克抑郁自评量表）来度量青少年的忧郁，发现 64% 的青少年可被视为忧郁，而 9% 有严重忧郁。

8. 网络世界精彩纷呈，让我欲罢不能

生活在信息时代，没有人能够远离电脑和网络，听音乐、看电影、上网聊天、发送邮件……电脑和网络大大方便了我们的生活，给我们带来了欢乐。现在的孩子，小小年纪就学会了上网，上网聊天、玩游戏似乎成了青春期孩子每天必做的事情。上网并不是什么坏事，不过很多父母对孩子上网持否定的态度，这主要是因为担心孩子上网会影响学习、结交不良朋友、接触不良信息。

确实，如果孩子长时间上网，往往无法按时完成作业，甚至过于依赖网络，利用网络来搜索答案，以致独立思考能力下降。还有的孩子自制能力差，一旦迷上网络，就将大量时间和精力投入其中。

一般来说，以下几种孩子最容易染上网瘾：

一是学习成绩不好的孩子。一般来说，在孩子的求学阶段，父母对孩子唯一的期望就是取得好的成绩，这就使学习成绩成了孩子成就感的主要来源，一旦成绩不好，孩子就会产生强烈的挫败感。而在网上，他们很容易体验到成功的感觉，很容易得到“回报”，这是他们在现实生活中很难得到的。

二是学习好但尚未形成正确学习观的孩子。有些本来成绩很好的孩子在升入更好的学校后，由于无法保持原有的名次，于是对

“努力学习”的目的产生了怀疑，开始迷恋网络。

三是人际关系不好的孩子。有的孩子虽然成绩不错，但因为性格内向、猜忌心强，一旦遇到问题未能及时得到解决，便容易沉迷网络，严重影响学习和生活。

四是家庭关系不和谐的孩子。随着离婚率、犯罪率的升高，问题家庭也在增多，孩子生活在这种家庭中，通常得不到温暖。而在网络上，他们提出的任何请求都能得到人们的帮助。现实生活和虚拟网络在人文关怀方面的反差，很容易让孩子陷入网络不能自拔。

五是自制力差的孩子。不少上网成瘾者都有这个问题，孩子自己也知道这样不好，也不想这样下去，但是一接触电脑就情不自禁。这是典型的自我控制力不强。

网络带给教育的困难和帮助是一个硬币的正反面。父母对青春期孩子上网既不能放任不管，也不能完全禁止。互联网在增长学识、传播信息、交流文化等方面都发挥着日益重要的作用，拒绝网络就意味着拒绝进步。所以，父母需要关注的是如何让孩子健康地上网，通过网络手段拓宽视野，提升科学文化素养，大可不必兴师动众地采取锁电脑、拔网线等办法来制止孩子上网。

首先，父母要做好榜样，在孩子面前不要把电脑当成娱乐工具，而是多利用电脑查找学习资料、浏览新闻、阅读名家著作。在这个过程中，可以给孩子提供一些有助于学习的网站。为了避免孩子受到网络上黄色、暴力内容的影响，可以购买相关软件，在电脑上设置防护措施，将这些网络“毒素”清理出孩子的网络世界。

其次，指导青春期孩子利用网络来便利自己的学习和生活。比如利用微信、QQ、微博、网络论坛等，跟同龄人讨论学习内容、交流学习经验和方法，这既可以增加孩子的学习兴趣，还能提高孩子的人际交往能力。这个过程中，父母可以教孩子如何下载东西、保存文档等，使孩子掌握一些计算机应用技术。又如，全家要出外旅游，可以将找攻略、订酒店的任务交给孩子；需要某种书籍，也可以让孩子帮忙从网络购买。这样做可以让孩子体会到成就感，也能开阔其视野，增强其生活自理能力。

最后，父母要和孩子约法三章，限定其上网的时间或用途，如果玩游戏，也应该有相关的时间规定等。如果孩子执行不力，父母要尽量避免全面禁止、完全断绝的方式，否则引起的反弹会越大。一般来说，父母要与孩子确定违反约定的惩罚措施并严格执行。

对于有一定网瘾的青春期孩子，父母可以巧妙运用递减法。比如，从原来每天上网 6 小时改为 5 小时，再改为 4 小时，逐步减到每天一两个小时，使其慢慢恢复到正常状态，不能急于求成。周末或寒暑假可以根据孩子的兴趣，给他安排一些可以替代上网的活动，比如旅游、体育运动、画画等。

在帮助孩子戒除网瘾的过程中，父母要鼓励孩子与现实世界中的人交往，以抵抗网络虚拟世界所带来的影响。孩子的成长离不开身边的同学、朋友，离不开真实的生活体验，只有让孩子时刻处在家人、老师、同学、朋友的关怀之中，感受到真切的生活乐趣，他才不至于沉迷网络。

阅读小贴士：

希腊克里特教育技术学院社会工作系人际关系与心理治疗专家进行的一项研究发现，如果父母对孩子要求严格且缺乏关爱，会让孩子对网络产生更大的依恋。

研究人员从技术学院选取了 700 多名年龄在 20 岁左右的年轻人进行调查，结果显示，如果父亲控制支配权很强且缺乏感情，孩子长大后与其他人相处时会存在困难，也更有可能沉溺于网络；如果母亲关心不够，孩子长大后会比较悲观，从而导致他们在虚拟世界中寻求更多的安慰。所以，父母需要不断地学习，尝试如何有效地与孩子沟通，与孩子做朋友，共同健康成长。在网瘾少年中，有不少高智商或以前学习成绩很好的孩子，但他们的父母往往对他们有着更高的要求，过大的压力使孩子不堪重负，他们于是寻找一切机会逃避这种“爱”，甚至完全放弃学习。

9. 我可以不吃饭，但游戏必须得玩

互联网的盛行，在给我们的生活带来便捷的同时，也毒害了不少不懂节制的孩子。对于青春期孩子来说，首要任务是学习，充实自己，享受快乐的生活。一旦孩子沉迷网络游戏，就会对身心造成伤害，出现焦虑、抑郁、社交恐惧等问题，学习成绩也会下滑。心理学家发现，当孩子不再对游戏感兴趣后，他们的抑郁、焦虑和社交恐惧等症状就会减轻，甚至完全消失。

孩子长时间玩游戏，还可能造成多动症，原因是闪烁的灯光、音效和不断变化的图像不断刺激大脑，使孩子在课堂上很难集中精力倾听老师的知识讲解。

马云因为创办阿里巴巴，整天忙于工作，忽略了对儿子的管教，结果儿子沉迷网络游戏，理由是："回到家又没人，还不如在网吧玩。"在苦劝无效的情况下，有一年暑假，马云拿了200元给儿子，让他和同学去网吧玩游戏，而且必须把钱花完才能回家。他只有一个条件，那就是儿子回家后要说出一个玩网络游戏的好处。儿子在网吧尽情地玩了两天一夜，第三天才疲惫不堪地回到家，狼吞虎咽地吃完饭后，倒头就睡。等他睡醒了，马云问他玩网络游戏有什么好处，儿子不好意思地说："没什么好处。"

能够让孩子意识到网络游戏无益，以后再玩网络游戏时，孩子内心就会生出内疚感，从而减少他玩网络游戏时的快感。马云的做法是，引导孩子自己去发现玩网络游戏的危害，这种认识是孩子自己的，比父母唠叨的效果要好得多，而且不会引起孩子的情绪对立。

当然，这只是马云让儿子戒除网瘾的第一步。后来，马云又让妻子辞职在家，接送孩子上学，并准备可口又营养丰富的饭菜。渐渐地，孩子开始留恋家里温馨的气氛。接着，马云的妻子又陪儿子参加各种有益的活动，这些活动慢慢取代了网络游戏在他生活中的位置。半年后，儿子成功戒除了网瘾。

很多时候，身在局外的父母，清楚地看到孩子沉迷网络游戏，自然忧心不已，但是，真正能够解决青春期孩子沉迷网络游戏的方法，并不是简单地通过没收手机电脑，对他严防死守、斥责打骂就能够做到的。

网络游戏是一个完整而生动的虚拟世界，那里有爱情和追逐，也有杀戮和竞争，有理性的交易，也有和同伴并肩作战的默契与友谊。对青春期孩子来说，网络的世界充满自由，无拘无束，他可以通过角色扮演的方式，去寻找自我成长发展，去享受胜利的喜悦，享受回报，享受乐趣，而且他还可以通过网络来逃避父母的控制，逃避现实的压力和责任。

很多时候，青春期孩子不是放不下网络，放不下游戏，他只是放不下网络中的朋友，那些陪伴自己的战友。他需要有人陪伴，需要有人合作，需要归属感和认同感，但是这一切父母都给不了，父母只会控制，只会要求，只会逼迫，他已经不堪重负。

所以，如果孩子很喜欢网络游戏，他的成就感很多来自网络世界，父母应该做的，不是抱着对网络游戏的成见批评、贬低孩子，而是尝试去体会网络游戏带给孩子积极的影响，说服他克服消极的一面，比如坐太长时间应该出去运动一下。批评孩子不愿意出门锻炼身体，并不会有好的效果，反而会让孩子更加有情绪，不愿意听从父母的建议。而且，榜样很重要。作为父母，你是否会陪伴孩子出门做运动？你是否会和孩子一起参与一些活动？父母和孩子的关系不应该是居高临下的说理，而应该是平等的陪伴和体验。

其实，喜欢网络游戏的孩子都很聪明，而且动手能力强，但是长期玩游戏可能会降低他的智力水平。这时必须转移他的注意力，比如带他参加一些科技活动，充分发挥其特长，循序渐进地把孩子的求知欲和好奇心导向正轨。

如果孩子沉迷网络游戏，父母可以采用家庭疗法，多与孩子沟通，这种沟通不是简单地过问学习成绩，而是把孩子当作朋友，关注其感情世界，一起探讨孩子感兴趣的话题；还可以带孩子参加一些有益于成长的文体活动。

对于已经网游成瘾的孩子，千万不要强迫他马上停止，但也不能放任不管。可以从约定上网时间和次数开始，逐日递减。注意，奖励和惩罚措施应及时兑现，否则就会失去效力。

阅读小贴士：

在美国，有网瘾的人群主要是老人和家庭妇女，但是在中国，玩网络游戏的90%是青少年。因为文化或者经济原因，中国的家庭更喜欢相对封闭的家庭活动和休闲游戏，而国外的家庭多喜欢开展户外形式的家庭活动，如旅游、健身活动等。中国父母喜欢网络游戏的行为、对网络认识的滞后及其自身行为的负面影响，潜移默化地影响了孩子，使孩子对“网络娱乐化”产生了根深蒂固的认识，可以说，有很大一部分孩子是在父母玩《斗地主》的影响下迷上网络游戏的。

10. 为了见网络恋人，我要开始攒钱

当今社会，网络成了人们生活中不可缺少的一个重要内容，而网恋正是网络生活的产物之一，虚幻的情感使得很多青春期孩子深陷其中。想象中的爱情总是比现实中的美好，想象中的恋人是虚幻的、完美的、极具吸引力的，这就是网恋的魅力。然而，在网络世界里，虚假远比真实要多，性别、年龄、经历都可以伪装……而现在的青少年社会经验不足，感情又比较热烈和纯真，所以容易被网络上的花言巧语欺骗，坠入网络恋情的温柔乡，成为诈骗、强奸、抢劫、凶杀等恶性案件的受害者。这也使很多父母为之烦恼。

“女儿原来是一个学习成绩优异的乖乖女，自从她喜欢上网络以后，整个人都变了。这几个月来，为了见网友，她好几次差点离家出走，被我们拦了下来。我们严加管教，但是怎么也管不住这孩子‘变野’的心。现在她基本上不跟我们说话，我们也不愿意理她了。她深陷网恋，根本不考虑父母的感受，真让人心寒。”

“孩子最近与外地的一个女孩联系过于频繁，经常短信或是网络联系，都影响学习了。他在家很少与我们沟通，朋友也不多。出现这种情况，我们该怎么办呢?”

在发现青春期孩子网恋时，父母一定要保持冷静、不急不躁，

要明白自己过去的成长环境和现在已经不一样了，个人处于社会当中，力量是十分渺小的。网络的普及使得交流变得很方便，青春期孩子的恋爱大多数是一种对男女异性的好奇，很少有以此作为自己终身伴侣的。网恋实则是一种游戏，或者是一场正式演出前的预演和排练。父母既是观众，也是编剧和导演，至少也是剧务指导，不过是场外的，不参加演出，但是可以决定剧情的发展。

首先，父母要了解青春期孩子网恋的原因，很多孩子是因为在现实生活中缺乏关心，或者没有倾诉的对象，所以容易对网友产生莫名的好感。如果父母无法给予孩子足够的关爱，而且情感交流也十分匮乏，导致孩子不能感受到父母的亲情和爱意，便会促使他在虚拟世界中寻找一份虚拟的爱。所以，父母即使工作再忙，也要抽出时间来关心孩子，多多沟通，关注孩子的情绪变化。让孩子明确网恋的弊端，比如沉溺网络会导致成绩下降，而且网络是虚拟的世界，我们无法确定对方的人品等。

一般来说，凡是网恋的青春期孩子，往往沉迷网络，精神世界空虚，没有什么兴趣爱好。对此，父母可以通过读书看报、唱歌跳舞、绘画、种植花草、家庭旅游、户外活动等，培养孩子多方面的兴趣爱好，充实孩子的精神世界。

如有必要，父母可以陪同孩子一起上网，这样孩子就会不好意思当着父母的面聊一些敏感话题；还可以给孩子规定合理的上网时间，让孩子劳逸结合，既满足上网的需要，又不耽误学习，循序渐进，帮助孩子戒掉网瘾，走出网恋的误区。

当然，青春期孩子通过网络学习更多的知识，结交更多的朋友，也不是什么坏事，关键是要具备网络安全意识。研究表明，大部分青春期孩子网络安全意识淡薄，随意向他人透露自己的网络密码，并说出自己的真实姓名、地址、电话等。一旦密码被别人知晓，很可能会对孩子的生活、学习、交友等造成不良影响。所以，父母要告诉孩子，网上交友可以，但是要使用安全的社交网络；不要把自己的照片、家庭地址、学校信息等告诉网络上的陌生人；不要随便答应和陌生网友见面……孩子掌握了这些网络安全知识，才能避免给不法分子可乘之机。

阅读小贴士：

如何正确引导青春期孩子上网？

1. 给孩子提供一个在家上网的空间，避免孩子经常光顾网吧等场所，陷入完全失控的状态。

2. 电脑最好放在父母随时可以看到的位置，方便了解孩子上网的情况。

3. 尽可能和孩子一起上网，引导孩子去接触适宜他们年龄的内容，避免孩子沉迷游戏。

4. 提醒孩子学会识别、防范不健康信息，不要打开陌生邮件或随意点击浏览不良网页。

5. 限制孩子的网络交友行为，微信和 QQ 上不随意添加陌生人。

6. 让孩子学会保护自己和家人的隐私，不在互联网上公开自己和家人的姓名、电话、住址、密码等重要信息，以免被坏人利用。

7. 提醒孩子一旦觉得网上的内容有问题或感到迷惑，应及时向父母求助。

8. 经常与孩子交流上网的感受，并查阅历史记录，了解孩子曾经浏览过的网站名称和访问的频率，及时进行引导。

9. 运用网络安全技术和产品，对孩子浏览的网站加以限制。比如通过 IE 浏览器设置网络安全级别和许可站点，保证孩子不会在无意中闯入不健康的网站。

11. 你们都可以玩手机，凭什么不让我玩

现在，很多父母为了方便与孩子联系，给孩子配备了手机，却没有告诉孩子如何正确使用手机，结果，孩子玩手机的时间比跟父母联系的时间还要多。

这也使很多家庭出现了这样的场景，父母拿着手机玩，而孩子也是拿着手机玩。两者连面对面交流的时间都少，各自拿着手机低笑，沉浸在自己的世界里无法自拔。

有的孩子用心经营自己的游戏账号，已经做到了在游戏世界里呼风唤雨的地步；有的孩子专业经营 QQ 空间好几年，认识了全国各地乃至东南亚和北非的诸多好友；有的孩子因为在抖音发一些搞笑的短视频招揽了几万粉丝，一下子变身为班里的风云人物……

14 岁的丽丽吵着要妈妈给她换部新手机。妈妈很不理解，去年为了方便联系，随时可以找到孩子，她和丈夫商量后决定给丽丽买一部手机。刚拿到手机时，丽丽乐得跟什么似的，有事没事就给妈妈打电话。最近她却不怎么用手机了。妈妈问她，才买了不到一年的手机，怎么就急着要换新的？丽丽嚷道："班里的同学都用智能手机了！我这个只能打电话、发信息，早就落伍了！"妈妈不解地问道："手机不就是用来打电话、发短信的吗？你还想干什么？""还

可以上网、聊天、看视频啊!”丽丽脱口而出。

有位作家曾经说过，格局高的人，不会花太多时间在娱乐上。可以想象，一个整天抱着手机玩游戏、玩QQ、观看低俗恶搞视频的孩子，将来会成为什么样的人。

现在，手机上各类APP所提供的大量碎片化信息，正以占领无聊时间的方式吞噬着青春期孩子的专注力，让他们的思维变得简单和极端，难以进行复杂的思考；海量信息中掺杂的大量低俗内容，对青春期孩子价值观的形成也产生了巨大的负面影响。

正确的教育需要父母正确的引导。新事物不是毁坏孩子的物品，不正确的教育方式才是。对于青春期孩子玩手机，无论是过度放纵还是严格禁止都是不理性的，把握好分寸才是正确的做法。

很多时候，孩子之所以沉迷手机，主要原因是没人陪他玩，或者父母很少陪伴，甚至主动给孩子提供“电子保姆”所致。想要孩子少玩手机，父母的榜样作用尤为重要。现实中，有多少父母对手机爱不释手，朋友圈刷了又刷，小视频看了又看，生怕有所遗漏，各种游戏更是要通过一关再过一关，拿到高分。在这种情况下，要让孩子懂得、学会、接受有节制地使用手机，又怎么可能呢？因此，下班回家后，父母请将手机放在一边，好好地陪伴孩子游戏和玩耍，这是戒掉孩子手机瘾的最佳途径。

想让孩子变得优秀，首先要让孩子的视线从手机上移开，去接触更广阔的世界。父母要让孩子意识到玩手机的危害，最好让孩子自己体会迷恋手机以来自己身上的一些变化，比如耐性减弱、体重增长、成绩下降、朋友减少等，然后帮孩子增强自控能力，比如向班里自控能力强的同学取经，制定每日作息计划和每周学习目标，等等。

为了帮助孩子学会自制，父母可以给孩子规定玩手机的时间，比如每次玩手机不能超过半小时，如果这次遵守约定，下次还可以玩；如果这次不守约，下次就没得玩。按照规矩来做，慢慢地孩子也会习惯遵守规矩。美国硅谷的很多高管，都会限制子女使用数码产品的时间，比如禁止他们在非周末晚间使用数码产品，并且周末可以使用数码产品的时间也很有限。

当孩子一心想玩手机或是无法停下来时，父母可以适当转移孩子的注意力，比如：跟孩子玩一场家庭游戏，给孩子讲有趣的故事，跟孩子一起画画，带孩子去公园散步等，都是不错的方法。

对于短时间内确实不可能完全脱离手机的孩子，父母可以制定奖励措施，比如每天作业完成得好、正确率高，就可以赢得半个小时的玩手机时间。这样对孩子而言也是一种激励。

阅读小贴士：

使用智能手机会让孩子对一种物品或行为产生散漫的执着，这种症状容易导致儿童、青少年注意力缺陷、多动性障碍、品行障碍、性格障碍等，而且使孩子出现不适应社会、分离焦虑障碍、反应性障碍等症状的概率提高。如果孩子从小就频繁使用智能手机，日后患上强迫症、抑郁症、社交恐惧症等的可能也更大。

12. 通过“摇一摇”，我们成了朋友

如今，智能手机占领了通信市场，各种社交软件的不断涌现，使人们得以随时拍照、上传，和朋友保持联系，并且和素不相识的人交朋友。这对青春期孩子来说无疑充满了很大的吸引力。

然而，这种现象的背后也遍布危险。调查显示，48% 受调查的新新人类接到过手机色情短信，27% 接到过骚扰电话，而很多刑事案件的发生都与社交软件有关。

青少年群体对于新事物的接受速度快、活跃度高，已经成为移动网络安全风险的高危群体，所以，父母必须帮助青春期孩子安全地使用移动设备，并懂得如何分辨什么可以分享、什么不可以分享。

余琳家境优越，刚上初中父母就给她买了部智能手机。由于父母忙于做生意，平时陪孩子的时间很少，余琳为了打发时间，下载了好几个社交软件。有一天，她用微信的“摇一摇”认识了一个男生，两人相谈甚欢，约好晚上一起去唱歌。余琳正要出门的时候，恰巧妈妈回来了，妈妈见她穿戴整齐，就问她要去哪里。余琳没有作声，随口说出去转转，就走了。妈妈不放心，暗地里跟着她来到一家 KTV，看见余琳和几个男孩在一起唱歌，赶紧把她带回家，并且告诉她这种情况有多危险。听了妈妈的话，余琳后怕极了。从那

以后，她再也不滥用社交软件了。

通过社交软件建立自己的圈子是青春期孩子的权利，而帮助青春期孩子用好社交软件则是父母的责任。没有人能够阻挡新技术对孩子生活的渗透，通过新技术了解和接触社会是孩子社会化的必然过程。在孩子成长的过程中，来自亲情、友情的关爱十分关键，新技术的出现只是改变承载这些内核的载体而已。父母要做的是将新技术的负面影响减至最小。

对于孩子平时使用手机社交软件，有些父母认为这也是一种沟通方式，孩子不会什么事都跟父母讲，通过孩子在朋友圈、微博和QQ空间分享的内容，父母可以了解孩子更多的心理动态。实际上，微信、微博、QQ这些新的社交方式，今后也将成为孩子的生活方式，一味阻止不如适度引导。而且，孩子玩朋友圈也是和同学、亲友之间沟通的一种方式，有利于表达孩子的情感。孩子喜欢点赞别人的动态，其实是一种很好的表现，得到点赞，得到大家的认同，孩子心里也会非常高兴，会更加喜欢分享一些自己的东西给别人或者父母。

不过，青春期孩子对于社交软件的认识还停留在好玩、刺激的层面上，并没有意识到不谨慎使用它会带来的安全隐患。对此，父母要关注孩子的一举一动，培养其自我保护意识，不可利用社交软件随意结识和接触陌生人，以免暴露自己的个人信息。

另外，很多智能移动终端都具有地理位置标示等个人信息分享功能，而这些功能可能会在无意间暴露私人信息。父母要教孩子关闭地理位置等可能暴露个人信息的功能，以免泄漏信息。父母还可以借助一些科技手段，锁定和删除不符合孩子年龄的应用程序。